内容全面　观点鲜明　案例详实　易学易懂

环境保护税法

2022年版

全解析及计算申报实务（第2版）

刘金涛　孙家林　编著

全面解析《环境保护税法》
大量案例演练计算申报实务

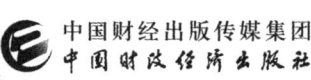

中国财经出版传媒集团
中国财政经济出版社

图书在版编目（CIP）数据

环境保护税法全解析及计算申报实务／刘金涛，孙家林编著．--2 版．--北京：中国财政经济出版社，2022.5

ISBN 978 - 7 - 5223 - 1446 - 4

Ⅰ.①环… Ⅱ.①刘… ②孙… Ⅲ.①环境税－税法－研究－中国 ②环境税－税费－计算 ③环境税－纳税－税收管理－中国 Ⅳ.①D922.229.4 ②F810.423 ③F812.42

中国版本图书馆 CIP 数据核字（2022）第 085301 号

责任编辑：陈志伟　　　　　责任校对：胡永立

封面设计：卜建辰　　　　　责任印制：史大鹏

环境保护税法全解析及计算申报实务（第 2 版）

HUANJING BAOHU SHUIFA QUANJIEXI JI JISUAN SHENBAO SHIWU

中国财政经济出版社 出版

URL: http://www.cfeph.cn

E-mail: cfeph@cfemg.cn

（版权所有　翻印必究）

社址：北京市海淀区阜成路甲 28 号　邮政编码：100142

营销中心电话：010 - 88191522

天猫网店：中国财政经济出版社旗舰店

网址：https://zgczjjcbs.tmall.com

北京时捷印刷有限公司印刷　各地新华书店经销

成品尺寸：170mm×240mm　16 开　16 印张　205 000 字

2022 年 6 月第 2 版　2022 年 6 月北京第 1 次印刷

定价：68.00 元

ISBN 978 - 7 - 5223 - 1446 - 4

（图书出现印装问题，本社负责调换，电话：010 - 88190548）

本社质量投诉电话：010 - 88190744

打击盗版举报热线：010 - 88191661　QQ：2242791300

PREFACE 序一

闻香识人

刘金涛老师的新书《环境保护税法全解析及计算申报实务》付梓在即，委我作序。小刀"白丁"一个，从没写过书，何德何能？诚惶诚恐、战战兢兢之余，唯直抒胸臆，不负所托……

关于本书

环保税种是新税种，但环保事业却是一脉相承的。我国的《环境保护税法》于2016年12月25日公布，2018年1月1日起施行，实行30多年的《征收排污费暂行办法》"寿终正寝"。

费改税是进步、是潮流、是大势、是征收法定……但费改税绝不仅仅是名称的改变，它还是理念的改变，征收主体、征收范围、征收程序、纳税义务、税额计量、申报缴纳、责任承担、处理处罚等税制元素的改变。而这些，都需要全新认识，需要系统全面认真地领会学习。

本书正是这方面的专业著述。它或许也正是你苦苦寻觅的那把打开环保税纠结问题的金钥匙。

本书理论联系实务，法条结合案例，从多层次、多渠道为广大读者打开了认识环保税的一扇窗——窗外景色固然好，但窗内的景色亦迷人。

本书也一定会成为纳税人在茫茫大海（环保税）上定向的灯塔，漫漫荒野（环保税）中指向的路标。

关于作者

几年前，财税江湖有个名为"税草堂"的自媒体公众号异军突起，享誉江湖，很多文章轶事至今还为人津津乐道。税草堂成员七人，专业资格（司法资格、注册会计师、税务师、评估师等）超过21个，平均每人3个以上。我和刘金涛老师都是其中的成员，我们也是在那时候认识的。

刘老师思想活跃、阅历丰富。用他自己的话来说就是"查过假药，办过税案，敲过法槌……"

刘老师精力充沛、目光敏锐。多年来，以"法税先锋"为网名，活跃于财税江湖……同时，还不辞辛劳，组建"环保税法学习交流群""虚开理论探讨群"等多个微信业务群，组织大家共同开展专业问题的研究探讨。

闻香识人——这里的"香"，既指书卷之香，也指内在的潜质；这里的"人"，乃指"法税先锋"刘金涛老师也！

是为序。

无极小刀 曹远战

2018年3月7日

PREFACE 序二

苔花如米小　也学牡丹开

——写在《环境保护税法全解析及计算申报实务》付梓

《环境保护税法》是我国的第五部税收法律、第四部实体税法,甫一出台便创下四个"第一",并以三宗"最"倍受各方关注。"四个第一"系指《环境保护税法》是中央做出"落实税收法定原则"决定后制定的第一部税法;是《中华人民共和国立法法》修订增设税种设立法律保留事项后制定的第一部税法;是我国第一部费改税税法;也是我国第一部专门体现"绿色税制"、推进生态文明建设的单行税法。三宗"最"则是指《环境保护税法》大量使用环保专业术语,是最"专业"税法;其征收管理需要环保部门大力协助,是最"依赖"的税法;区别于大多数税种以筹集财政收入为主要目的,旨在保护环境是最"个性"的税法。

与《环境保护税法》本身倍受关注形成强烈反差的是财税圈内专业从事《环境保护税法》培训的讲师屈指可数。究其原因主要有三:一是环境保护税的收入规模小、培训讲师关注度低。根据2016年全国排污费收入测算,环境保护税年收入规模约200亿,相较于增值税、企业所得税、土地增值税等收入规模大的热门税种而言难以引起培训讲师的关注。二是环境保护税的纳税人数量少、培训受众面小。截至目前,环保部门移交的排污费缴费人共33万户,税务部门已完成识别的纳税人户数为26万户。环境保护税纳税人数量不足整个纳税人总数的1%,使环境保护税培训的受众面相对其他税种要小得多。三是《环境保护税法》培训门槛较高,培训难度较大。作为最"专业"的税法,讲授环境保护税法要求培训讲师既要熟悉税法本身,还需具备一定的环境保护专业基础知识,了解环境保护相关法律法规,这无疑给培训讲师课程的开发增加了难度。

基于前述种种,身为系统内训兼职教师的我,也仅仅把《环境保护税法》培训视作完善自身课程体系的一个补充。所以,当金涛在"税是税非"微信群里就准备将《环境保护税法》作为培训的主攻方向征求大家意见时,一开始我是有些担忧的。但很快便打消顾虑,表达了全力支持他实现这一目标的想法——结合人生经历、性格特点和所学专业综合考量,金涛确实是《环境保护税法》专业培训讲师的合适人选。

金涛法学专业出身,拥有体制内、企业端以及中介机构三方工作经验,其在食品药品监督管理局、法院、地税局的工作经历使其熟悉行政执法和司法相关情况,担任过企业税务总监则让他对企业财税处理中的痛点和难点有深刻的认识,从事法务、税务中介工作之后,他观察、分析问题的视角有了更多的纬度,解决、处理复杂问题的能力快速提升。教育背景和工作经历决定了他具备成为优秀财税培训讲师的基础,而性格上的特点则是他能在环境保护税培训中有所作为的关键。金涛骨子里有着一种敢于迎接挑战的拼劲儿,工作起来非常的专注、执行力很强,这些个性特质在他开始环境保护税培训课程研发后体现得淋漓尽致。目标确定后,金涛全面进入了环境保护税法攻坚状态,以中华财税浪子王骏老师微信群里每日一条环境保护税法微课分享开始，从法条逐条解析到系统课程设计、从网络交流收集税企双方意见到现场互动解决征纳疑难问题，他迅捷而又专注地投入进去。越努力越幸运、越专注越专业，经过淬炼之后的金涛在《环境保护税法》培训中很快崭露头角、异军突起。一年来，他先后在上海、天津、山东、内蒙古等省、区、市为税企双方进行了17场《环境保护税法》专门培训，收到了参训学员广泛好评，也因此被王骏老师冠以"环境保护税法培训第一人"的美誉。

有了一年多对《环境保护税法》的专注研究，再加上十几场培训的实践积累，《环境保护税法全解析及计算申报实务》的出版就是特别自然的一个结果。本书立足于帮助税企双方全面了解《环境保护税法》，提供系统的纳税申报解决方案，具有两个明显的特点：一是实用，全书以解决环境保护税申报征收过程中的实际问题为导向，法条解析简洁明了、有理有据；申报实务分类分步、案表结合，对税企双方都非常实用。二是翔实。金涛在本书的写作过程中，收集大量与环境保护税征收密切相关的法律法规和资料，并且巧妙地将这些内容融合到法条解析、案例分析和申报表填列中，使本书不仅能作为环境保护税申报的参考书，也能在一定程度上为读者提供环境保护相关法律规范索引。

除法条解析和申报实务分析外，本书还就环境保护税开征后税企双方所受之影响及应对发表了观点，也直击了《环境保护税法》及条例尚待明确的若干问题，对于纳税人守法、税务机关执法、人民法院司法都有参考价值。但囿于时间和角度，本书未能就《环境保护税法》及条例尚待明确问题所可能导致的税企争议提出可供双方参考的解决方案，这算是一个遗憾，但也正好为金涛今后的研究之路留白。

苔花如米小，也学牡丹开。

环境保护税虽小但承载的使命重大，期盼它的实施能切实推动我国的生态文明建设。同时，也期望金涛在《环境保护税法》研究和实践的道路上越走越好；更期待本书能为读者遵行《环境保护税法》提供有益的参考。

薛　娟

2018 年 3 月 5 日草就于成都

PREFACE 序三

《中华人民共和国环境保护税法》将于 2018 年 1 月 1 日正式实施，"环保税"成为我国税法大家庭中的新成员。有人说，这是之前的排污费的延续，对原缴纳环保费的企业来讲，是新壶装旧酒，换汤不换药。如果这样认为，那可大错特错了。原缴纳排污费的企业，由环保局核定排征收，环保税开征后，由企业自行计算，向当地主管税务机关申报，这就存在了税款征收的风险由企业自行承担的问题，而当地主管税务机关是征收主体，也需要了解其计算及申报细节；且环保税较之前的排污费征收范围也有变化，并不是完全平移；并且，环保税的执法刚性也大为增加，企业的侥幸心理要不得。这些与之前征收排污费的差异都比较大。

鉴于以上，掌握环保税已经是相关企业、税务机关以及相关机构迫在眉睫的事情，但专门研究环保税的专业人士，财税圈里尚不多见，且环保税尚存在不少争议和未明确的模糊地带，金涛给我们带来的这本《环境保护税法全解析及计算申报实务》，无疑是饕餮大餐，非常及时和解渴。书中有大量的申报实务，对实操具有非常重要之意义。

金涛的人生比较精彩，这是常人所羡慕不来的。各种人生角色，如公务员、法官、律师、高管、讲师、作家、合伙人等，各种人生历练。我有时调侃金涛，在我们这个有限的圈子里，还有啥是你没干过的？

丰富的从业经历，细腻的专业感知，这两者是常常同时存在的。

由于经历丰富，金涛对税法的感悟更加多元化，经常会从不同的角度来阐述税法的内涵和应用，碰触到核心和本质含义。我们经常探讨业务，金涛一般的逻辑是，首先企业如何理解；其次税务局一般的处理思路，再说法院可能的判决方案；再次中介公司经常怎样操作；最后总结到写文章写书应该怎样表达，称其为百科全书也不为过。作为企业，在经营过程中不可能单方面考虑问题，需要综合各种因素从而得到最优的方案，这方面金涛做得特别好，尤其是他作为法律专业人士的意见，这也是我最为钦佩的方面。

金涛另外一个显著的特点，就是内心有坚持的原则，在这个浮躁的社会中，具有丰富的人文情怀，尤其难得。对人，对事，对专业，都严守底线不逾越。

正因为了解，所以才相信。

翟纯垲

2018 年 3 月 7 日

REPRINT PREFACE 再版前言

2022年4月28日，中国财政经济出版社的编辑尉敏老师，突然打来电话，约笔者将2018年3月出版的《环境保护税法全解析及计算申报实务》一书更新后再版。笔者欣然接受。此书为笔者的处女作，能被出版社约稿再版，甚感荣幸。

2018年1月1日《环境保护税法》开始实施，至今已4年有余。期间，财政部、国家税务总局及生态环境部又发布了一系列新的环境保护税征管文件，对一些环境保护税计算、申报问题进行了明确。本书再版，若能帮助各位读者进一步熟悉该税种，提高对该税种的理解及实践水平，善莫大焉。

为此，借在异地集中隔离期间，将原版《环境保护税法全解析及计算申报实务》进行了一定更新。更新的内容主要集中在《财政部 税务总局 生态环境部关于环境保护税有关问题的通知》（财税〔2018〕23号）、《财政部 税务总局 生态环境部关于明确环境保护税应税污染物适用等有关问题的通知》（财税〔2018〕117号）、《生态环境部 财政部 税务总局关于发布计算环境保护税应税污染物排放量的排污系数和物料衡算方法的公告》（生态环境部 财政部 税务总局公告2021年第16号）、《国家税务总局关于简并税费申报有关事项的公告》（国家税务总局公告2021年第9号）四份规范性文件的理解和适用上。另外，也对新近关注到的相关实务问题进行了列示和解析。

如第一版的《环境保护税法全解析及计算申报实务》一样，笔者一直将本书定位为环境保护税的解释类实务用书。本想就碰到的部分环境保护税税企争议案例进行阐述，但案例极少，信息过于具体，不便阐述，只得作罢。在此，对关心本部分内容的读者，致歉！希望以后能有机会分享相关内容。

虽然长期关注该税种，但怎奈笔者才疏学浅，专业积累仍有不足，部分内容定有理解不到位，甚至错误之处。诚望读者批评、指正！

刘金涛

2022 年 5 月 28 日

PREFACE 前言

2018年1月1日起，我国首个以环境保护为目标的绿色税种——《中华人民共和国环境保护税法》（以下简称《环境保护税法》）正式施行，以此取代了施行近40年的排污收费制度。"平移"排污费制度的同时，《环境保护税法》也将更多执法刚性等法律属性镶嵌其中。对广大排污企业，特别是"排污大户"的生产经营将产生重要影响；对广大财税专业人士，特别是环境保护税征收机关工作人员及排污企业财务人员也提出了更高要求。在学习《环境保护税法》过程中，如何理解其中的环境保护专业术语及正确计算、申报环境保护税，是大多数学习者必须首先面对的重要问题。

本书分三个部分：第一部分为环境保护税法全解析，就《环境保护税法》及其实施条例中的重要概念及征税原理做了详细解析。第二部分为环境保护税计算申报实务，从大气污染物、水污染物、固体废物、噪声等方面，分别举例对计算方法及如何申报进行了说明。其中，申报部分分别从A表、B表角度，结合国家税务总局公布的申报填报说明及重要省市核定征收办法做了说明。第三部分为环境保护税对税务机关、纳税人的影响及应对建议，分别从税务机关和纳税人角度，就环境保护税的影响及应对建议，谈了些个人看法。以期能对大家学习、理解《环境保护税法》提供些许启发或帮助。

环境保护税"脱胎"于排污费制度，又有所"创新"；"平移"的同时，又"穿上"了税法的"外衣"。仅从税法角度研究，会忽略其环保意义；反之，则忽视了"费改税"本质。此税，对环境保护部门，不是纯粹的"旧";对税务机关,则可说是完全的"新"。要想深入全面准确解析《环境保护税法》,作出符合立法精神的理解,必须同时具备环境保护学和财政学两门学科的丰富知识(经验)和专业思维能力。怎奈编者才疏学浅、专业积累有限,在写作中,部分内容定有理解不到位,甚至错误之处。诚望各位读者批评、指正!

刘金涛

2018 年 2 月

CONTENTS 目录

第一篇 《环境保护税法》全解析 ... 1
第一章 总则 ... 3
第二章 计税依据和应纳税额 ... 18
第三章 税收减免 ... 45
第四章 征收管理 ... 54
第五章 几个特殊问题 ... 71

第二篇 环境保护税计算申报实务 ... 87
第六章 大气污染物环境保护税计算、申报案例 ... 89
第七章 水污染物环境保护税计算、申报案例 ... 96
第八章 固体废物环境保护税计算、申报案例 ... 102
第九章 噪声环境保护税计算、申报案例 ... 107
第十章 抽样测算计算及申报实务 ... 112
第十一章 环境保护税计算申报注意事项 ... 127

第三篇 环境保护税对税务机关、纳税人的影响及应对建议 ... 133
第十二章 环境保护税对税务机关的挑战及应对建议 ... 135
第十三章 环境保护税对纳税人的影响及应对建议 ... 138

附录 ... 143
附录一 中华人民共和国水污染防治法 ... 145
附录二 中华人民共和国大气污染防治法 ... 169
附录三 中华人民共和国固体废物污染环境防治法 ... 198
附录四 中华人民共和国环境噪声污染防治法 ... 228

第一篇 《环境保护税法》全解析

第一章

总 则

【立法目的】

第一条 为了保护和改善环境,减少污染物排放,推进生态文明建设,制定本法。

解析:

环境保护税的立法目的有两个方面:

首先,保护和改善环境,减少污染物排放。这是环境保护税立法的直接目的。

污染物无序排放、超过环境承载能力是环境恶化的主要原因。"多排污,多缴税",《环境保护税法》欲借此达到减少污染物排放的目的。

其次,推进生态文明建设。这是我们对发展观的基本认识。

建立和完善生态文明制度体系是我国国家治理体系现代化的重要内容。环境保护税是生态文明建设的重要体现,落实环境保护税是推进生态文明建设的重要步骤。

【空间范围、应税行为、纳税人】

第二条 在中华人民共和国领域和中华人民共和国管辖的其他海域,直接向环境排放应税污染物的企业事业单位和其他生产经营者为环境保护税的纳税人,应当依照本法规定缴纳环境保护税。

一、空间范围：在中华人民共和国领域和中华人民共和国管辖的其他海域

解析：

这里的"中华人民共和国领域"具体范围详见《中华人民共和国领海及毗连区法》第二、第三、第四条规定。

这里的"中华人民共和国管辖的其他海域"具体范围详见《中华人民共和国专属经济区和大陆架法》第二条规定。

二、应税行为：直接向环境排放应税污染物

（一）何为"直接"

《环境保护税法》及其实施条例对此均未明确规定。根据《环境保护税法》及其实施条例规定，向依法设立的污水集中处理、生活垃圾集中处理场所排放应税污染物；在符合国家和地方环境保护标准的设施、场所贮存或者处置固体废物的；依法对畜禽养殖废弃物进行综合利用和无害化处理的，不属于直接向环境排放污染物，不缴纳环境保护税。

小结：不符合上述三种情形之一者，就是直接向环境排放污染物。

（二）何为"环境"

《中华人民共和国环境保护法》（以下简称《环境保护法》）第二条规定，环境是指影响人类生存和发展的各种天然的和经过人工改造的自然因素的总体，包括大气、水、海洋、土地、矿藏、森林、草原、湿地、野生生物、自然遗迹、人文遗迹、自然保护区、风景名胜区、城市和乡村等。

（三）何为"应税污染物"

《环境保护税法》第三条规定，应税污染物，是指本法所附"环境保护税税目税额表""应税污染物和当量值表"规定的大气污染物、水污染物、固体废物和噪声。

注意：

根据国家税务总局 2017 年第 50 号公告规定，海洋工程应税污染物仅指大气污染物、水污染物和固体废物，即无噪声这类污染物。原因应在于：海洋工程产生的噪声并未干扰他人正常生活、工作和学习，不在"噪声污染"定义范围之内。

三、纳税人：企业事业单位和其他生产经营者

（一）企业事业单位：企业单位和事业单位

1. 何为"企业"？

现行法规中，未见对此有明确定义。但通观相关法规，至少可以得出：根据是否可以登记为法人，企业分为"企业法人"和"非企业法人"。前者以公司最为常见；后者多以分公司出现。

2. 何为"事业单位"？

根据《事业单位登记管理暂行条例》（国务院令第 252 号）规定，事业单位是指国家为了社会公益目的，由国家机关举办或者其他组织利用国有资产举办的，从事教育、科技、文化、卫生等活动的社会服务组织。

（二）其他生产经营者

《环境保护税法》及其实施条例对此概念未明确定义，但如果参考《环境保护税法实施条例》（征求意见稿）第二条规定"其他生产经营者，是指从事生产经营活动的个体工商户和其他组织。"可以得出：此处的其他生产经营者至少应包括"个体工商户"。至于何为"其他生产经营者"（或"其他组织"），有待国家税务总局进一步明确。

另外，《排污费征收使用管理条例》（国务院令第 369 号，已被《环境保护税法实施条例》废止）第二条规定，直接向环境排放污染物的单位和个体工商户，应当依照该条例的规定缴纳排污费。

小结：

环境保护税的纳税人包括企业单位、事业单位，应包括"个体工商户"，是否包括"其他组织"以及"其他组织"包括哪些，有待国家税务总局进一步明确，但应不包括居民个人（自然人）。

【征税对象】

第三条　本法所称应税污染物，是指本法所附"环境保护税税目税额表""应税污染物和当量值表"规定的大气污染物、水污染物、固体废物和噪声。

解析：

一、本法所附"环境保护税税目税额表""应税污染物和当量值表"

相对其他税法规定，《环境保护税法》明确征税对象时，将其分别规定在两个附表内。

（一）"环境保护税税目税额表"

根据"环境保护税税目税额表"，应税污染物分为四大类：大气污染物、水污染物、固体废物、噪声。其中：固体废物又细分为：煤矸石、尾矿、危险废物和冶炼渣、粉煤灰、炉渣、其他固体废物（含半固态、液态废物）；噪声仅包括：工业噪声。至于大气污染物、水污染物的具体范围，则放在"应税污染物和当量值表"中列示。

（二）"应税污染物和当量值表"

水污染物分为：第一类水污染物、第二类水污染物、pH值、色度、大肠杆菌群数、余氯量。《环境保护税法》第九条则将水污染物分为第一类水污染物和其他类水污染物。

大气污染物：列明44种大气污染物为环境保护税应税大气污染物。

二、规定的大气污染物、水污染物、固体废物和噪声

即《环境保护税法》规定的应税污染物仅限附表规定的四类污染物：大气污染物、水污染物、固体废物和噪声。

注意：

企业排放的污染物种类很多，比如交通噪声、建筑噪声、格林曼黑度等，均不是环境保护税征收对象。

【不属于直接向环境排放污染物的情形】

第四条　有下列情形之一的，不属于直接向环境排放污染物，不缴纳相应污染物的环境保护税：

（一）企业事业单位和其他生产经营者向依法设立的污水集中处理、生活垃圾集中处理场所排放应税污染物的；

（二）企业事业单位和其他生产经营者在符合国家和地方环境保护标准的设施、场所贮存或者处置固体废物的。

解析：

一、向依法设立的污水集中处理、生活垃圾集中处理场所排放应税污染物的

环境保护实务中将其称之为：间接排放。言下之意是，将污染物排放到污水处理厂、垃圾处理厂，无环境保护税纳税义务。因为环境保护税的应税行为是：直接向环境排放应税污染物。

二、在符合国家和地方环境保护标准的设施、场所贮存或者处置固体废物的

（一）何为"贮存""处置"

现行《环境保护税法》及其实施条例，对此未作明确。根据《固体

废物污染环境防治法》第八十八条规定，贮存是指将固体废物临时置于特定设施或者场所中的活动。处置是指将固体废物焚烧和用其他改变固体废物的物理、化学、生物特性的方法，达到减少已产生的固体废物数量、缩小固体废物体积、减少或者消除其危险成份的活动，或者将固体废物最终置于符合环境保护规定要求的填埋场的活动。在国家税务总局对此明确之前，应可以参照上述规定执行。但笔者认为，国家税务总局不能也不便明确，因为这两个概念是纯环境保护概念，应由环境保护相关法规明确。

（二）何为"符合国家和地方环境保护标准的设施、场所"

中华人民共和国生态环境部对于固体废物贮存、处置有严格的规范要求，具体标准可以见《一般工业固体废物贮存和填埋污染物控制标准》（GB 18599–2020）、《危险废物贮存污染控制标准》（GB 18597–2001）和《危险废物填埋污染控制标准》（GB 18598–2019）等标准。

即纳税人在符合上述控制标准的设施、场所贮存、处置固体废物，不属于直接向环境排放污染物，无环境保护税纳税义务。

【超标准排放的纳税义务】

第五条 依法设立的城乡污水集中处理、生活垃圾集中处理场所超过国家和地方规定的排放标准向环境排放应税污染物的，应当缴纳环境保护税。

企业事业单位和其他生产经营者贮存或者处置固体废物不符合国家和地方环境保护标准的，应当缴纳环境保护税。

解析：

一、何为"依法设立的城乡污水集中处理场所"

根据《中华人民共和国环境保护税法实施条例》（以下简称《环境保护税法实施条例》）第三条规定，《环境保护税法》第五条第一款、第十二条第一款第三项规定的城乡污水集中处理场所，是指为社会公众提供生活污水处理服务的场所，不包括为工业园区、开发区等工业聚集区域内的企业事业单位和其他生产经营者提供污水处理服务的场所，以及企业事业单位和其他生产经营者自建自用的污水处理场所。即仅包括生活污水处理厂，不包括工业污水处理厂。

二、何为"依法设立的生活垃圾集中处理场所"

《环境保护税法实施条例》对此概念未做明确。大概是因为"生活垃圾集中处理场所"语义比较明确，无须作出界定。参考《环境保护税法实施条例》（征求意见稿）的表述，应可定义为：面向社会公众提供公共生活垃圾集中处理服务的填埋场、焚烧厂、堆肥厂等生活垃圾集中处理厂站或者设施。

三、何为"依法"

法规政策依据：《城镇排水与污水处理条例》《固体废物污染环境防治法》《城市市容和环境卫生管理条例》《城市生活垃圾管理办法》等。

其中：《城市生活垃圾管理办法》（建设部令第157号）第二十五条明确规定，从事城市生活垃圾经营性处置的企业，应当向所在地直辖市、市、县人民政府建设（环境卫生）主管部门取得城市生活垃圾经营性处置服务许可证。未取得城市生活垃圾经营性处置服务许可证，不得从事城市生活垃圾经营性处置活动。而污水的处理，则施行城镇污水处理特许经营制度，依法、依合同进行。

四、为何"超过国家和地方规定的排放标准向环境排放应税污染物的，应当缴纳环境保护税"？如何缴税

（一）原因

1.《城镇排水与污水处理条例》规定，城镇污水处理设施维护运营单

位应当保证出水水质符合国家和地方规定的排放标准，不得排放不达标污水。

2.《城市生活垃圾管理办法》规定，从事城市生活垃圾经营性处置的企业应当严格按照国家有关规定和技术标准，处置城市生活垃圾。

（二）如何缴税

《环境保护税法》及其实施条例对此未做规定。结合《环境保护税法实施条例》（征求意见稿）规定，此种情况下"按照超过限值的排放量计算征收环境保护税"，考虑不增加生活污水处理、生活垃圾处理企业的税收负担，不影响居民正常生活等因素，笔者认为，应当就超过国家和地方规定的排放标准的部分缴纳环境保护税。

五、为何"贮存或者处置固体废物不符合国家和地方环境保护标准的，应当缴纳环境保护税"

因为一旦不符合国家和地方环境保护标准，就会发生渗漏，就会直接向环境排放污染物，即发生环境保护税的应税行为，需要缴纳环境保护税。

【税目、税额】

第六条　环境保护税的税目、税额，依照本法所附"环境保护税税目税额表"执行。

应税大气污染物和水污染物的具体适用税额的确定和调整，由省、自治区、直辖市人民政府统筹考虑本地区环境承载能力、污染物排放现状和经济社会生态发展目标要求，在本法所附"环境保护税税目税额表"规定的税额幅度内提出，报同级人民代表大会常务委员会决定，并报全国人民代表大会常务委员会和国务院备案。

解析：

一、"环境保护税税目税额表"的构成

(一)税目(细目)

根据《环境保护税法》第三条的规定,环境保护税的税目包括:大气污染物、水污染物、固体废物、噪声。其中,固体废物又细分为:煤矸石、尾矿、危险废物及冶炼渣、粉煤灰、炉渣、其他固体废物(含半固体、液态废物)等细目;噪声仅包括工业噪声。

(二)计税单位

大气污染物和水污染物的计税单位为:每污染当量;固体废物的计税单位为:每吨。噪声的计税单位"与众不同",不是常见的"每×××",而是分为六档:超标1—3分贝;超标4—6分贝;超标7—9分贝;超标10—12分贝;超标13—15分贝;超标16分贝以上。

(三)税额

大气污染物的税额为:1.2元至12元。水污染物的税额为:1.4元至14元。固体废物则根据不同细目分别规定为:5元、15元、1000元、25元。而噪声根据计税单位不同,以350元/月为起点,每上升一个层次,税额在此前基础上增加一倍,直至最高计税单位:超标16分贝以上,税额为11200元/月。

(四)备注

与其他税法税目税额表不同的是《环境保护税法》的税目税额表,还增加有备注一栏:"噪声"类应税污染物的备注栏。

二、几个概念

(一)何为"尾矿"

各种角度,都可以对此作出定义。考虑到《环境保护税法》和《环境保护法》的"天然链接"关系,笔者认为:《环境保护税法》角度的"尾矿"应引用环境保护相关法令的内容来定义。根据《尾矿污染环境防治管

理办法》（生态环境部令第 26 号）（注：自 2022 年 7 月 1 日起施行）第三十四条规定，尾矿是指金属非金属矿山开采出的矿石，经选矿厂选出有价值的精矿后产生的固体废物。

（二）何为"危险废物"

根据《固体废物污染环境防治法》规定，危险废物是指列入国家危险废物名录或者根据国家规定的危险废物鉴别标准和鉴别方法认定的具有危险特性的固体废物。而根据最新版的《国家危险废物名录（2021 年版）》（生态环境部 国家发展和改革委员会 公安部 交通运输部 国家卫生健康委员会令第 15 号）规定，具有下列情形之一的固体废物（包括液态废物），列入危险废物名录进行管理：（一）具有毒性、腐蚀性、易燃性、反应性或者感染性一种或者几种危险特性的；（二）不排除具有危险特性，可能对生态环境或者人体健康造成有害影响，需要按照危险废物进行管理的。

（三）何为其他固体废物

根据《环境保护税法实施条例》第二条规定，其他固体废物的具体范围，依照环境保护税法第六条第二款规定的程序确定。何为《环境保护税法》规定的其他固体废物？由省、自治区、直辖市人民政府提出意见，报同级人民代表大会常务委员会决定，并报全国人民代表大会常务委员会和国务院备案。

据笔者了解，2022 年 1 月 24 日，湖北省财政厅、国家税务总局湖北省税务局发布《关于将磷石膏纳入环境保护税税目"其他固体废物"范围的决定（草案征求意见稿）》，公开征求意见的公告称"将磷石膏纳入环境保护税其他固体废物范围，有利于贯彻落实'长江大保护'方略，推动生态强省建设；有利于运用地方税政管理权限，发挥税收调节职能，建立磷石膏综合治理长效机制"。而重庆市人民代表大会常务委员会于 2019 年 8 月 2 日发布决定，将"环境保护税税目税额表"所称"其他固体废物"在重庆市的具体征税范围明确为：脱硫石膏、磷石膏、赤泥、工业污泥，并决定自 2020 年 1 月 1 日起施行。

(四) 何为工业噪声

1. 何为噪声？

根据《中华人民共和国噪声污染环境防治法》（以下简称《噪声污染环境防治法》）第二条规定，环境噪声是指在工业生产、建筑施工、交通运输和社会生活中所产生的干扰周围生活环境的声音。

2. 何为"工业噪声"？

根据《噪声污染环境防治法》第二十二条规定，工业噪声是指在工业生产活动中使用固定的设备时产生的干扰周围生活环境的声音。

现实环境中，噪声有如下几种：工业噪声、建筑噪声、交通噪声、生活噪声等。《环境保护税法》征税对象仅指工业噪声。

三、应税大气污染物和水污染物的具体适用税额的确定和调整程序

省、自治区、直辖市人民政府统筹考虑本地区环境承载能力、污染物排放现状和经济社会生态发展目标要求，在本法所附"环境保护税税目税额表"规定的税额幅度内提出，报同级人民代表大会常务委员会决定，并报全国人民代表大会常务委员会和国务院备案。

笔者认为，这是税收立法中的一次"伟大创举"：第一次将地方税法立法权，交给地方权力机关行使，而不是如此前税法直接授权税法执行机关——人民政府行使！

四、关于噪声税额备注：工业噪声测量

《环境保护税法》附表一"环境保护税税目税额表"中的备注栏，有如下信息需要注意，在此一并解析：

（一）一个单位边界上有多处噪声超标，根据最高一处超标声级计算应纳税额；当沿边界长度超过100米有两处以上噪声超标，按照两个单位计算应纳税额

1. 何为单位边界？

（1）就是工业企业的厂区最边缘，学名：厂界。噪声测量是测量干扰周围生活环境的声音，所以不会进加工车间做噪声测量，均是在被测量单位的厂界上做定点测量。

（2）标准的"厂界"是有严格的确定标准的，即由法律文书（如土地使用证、房产证、租赁合同等）中确定的业主所拥有使用权（或所有权）的场所或建筑物边界。各种产生噪声的固定设备的厂界为其实际占地的边界。

2. 为何会有多处噪声超标？

因为边界是条线，在不同的点上测量都可能超标。如果有多处噪声超标，怎么办？根据最高一处超标声级计算应纳税额。

3. 但是，沿边界长度超过100米有两处以上噪声超标，则按照两个单位计算应纳税额。

4. 在"厂界"线上测量吗？

不是！一般情况下，测点选在工业企业厂界外1米、高度1.2米以上、距任一反射面距离不小于1米的室外位置。

5. 都在室外测量吗？

当厂界与噪声敏感建筑物距离小于1米时，厂界环境噪声应在噪声敏感建筑物的室内测量，并将相应的限值减10分贝作为评价依据。

【例1-1】某工业企业2018年10月厂界外定点测量结果昼间均超标，A点测量超标5分贝；B点测量超标10分贝。请计算其噪声污染应缴环境保护税。

上述案例，分三种情形：

情形一：若该企业只有一处作业场所，且两个测量点在100米以内，则按照最高一处超标声级计算应纳税额，即直接按照超标10分贝计算应纳税额。查表可知：超标 10 分贝，税额为：每月 2800 元。10 月份应纳噪声的环保税额为：2800 元。

情形二：若该企业只有一处作业场所，且两个测量点在 100 米以上，则按照两个单位计算应纳税额。此时，有三种观点：

观点一：超标 5 分贝，税额为：每月 700 元；超标 10 分贝，税额为：每月 2800 元。两处超标应缴税额相加。10 月份应纳税额为：3500 元（2800 元 + 700 元）。

观点二：超标 5 分贝，税额为：每月 700 元；超标 10 分贝，税额为：每月 2800 元。按最高一处（超标 10 分贝）超标声级计算应纳税额。10 月份应纳税额：2800 元。

观点三：超标 5 分贝，税额为：每月 700 元；超标 10 分贝，税额为：每月 2800 元。按最高一处超标声级且翻倍计算应纳税额。10 月份应纳税额 2800×2＝5600 元。

笔者认为，观点三符合国家税务总局 2018 年 1 月 27 日发布的《关于环境保护税纳税申报表的公告》（国家税务总局公告 2018 年第 7 号）（注：自 2021 年 6 月 1 日起被废止）填报逻辑。因为"环境保护税按月计算报表"（噪声适用）中"两处以上噪声超标"列，若选择"是"时，则"边界超标系数"变为"2"，"超标噪声综合系数"也将翻倍，进而在"环境保护税纳税申报表"（A 类）将应纳税额翻倍。

虽然根据 2021 年 4 月 12 日《国家税务总局关于简并税费申报有关事项的公告》（国家税务总局公告 2021 年第 9 号）规定，上述申报说明所在文件被废止，但新的申报表基本逻辑未变。

情形三：A、B 两点分处该企业两处作业场所，应当分别计算应纳税额，合并计征。

A 点超标 5 分贝，税额为：每月 700 元；B 点超标 10 分贝，税额为：每月 2800 元。两者相加得本月应纳环境保护税 3500 元。

（二）一个单位有不同地点作业场所，应当分别计算应纳税额，合并计征

类似水污染物和大气污染物，有多个排放口的，分别计算其应纳税额，合并缴纳。

（三）昼、夜均超标的环境噪声，昼、夜分别计算应纳税额，累计计征

根据《环境噪声污染防治法》噪声监测分昼、夜进行。一般情况下，昼为6：00至22：00；夜为22：00至6：00。因为我国实行北京标准时间，但部分省份（比如新疆）和北京相隔甚远，《环境噪声污染防治法》也允许地方政府根据时差和作息习惯对昼夜另行规定。

对于昼，即白天，噪声污染的排放限值就高些；对于夜，即夜晚，噪声污染的排放限值就低些。这个不难理解！既然标准不一，《环境保护税法》就规定，昼夜分别计算应纳税额，累计计征。

（四）声源一个月内超标不足十五天的，减半计算应纳税额

该条规定需要注意三个问题：（1）必须是同一个声源一个月内累计超标不足15天；（2）15天中的"天"是指"一个昼或者一个夜"；（3）减半计算应纳税额，应先按照正常标准计算应纳税额，后根据是否超过15天超标，以决定是否减半计算应纳税额。

（五）夜间频繁突发和夜间偶然突发厂界超标噪声，按等效声级和峰值噪声两种指标中超标分贝值高的一项计算应纳税额

1. 什么是夜间频繁突发和夜间偶然突发噪声？

首先，需要了解几个相关概念：

突发噪声：指突然发生、持续时间较短、强度较高的噪声。如锅炉排气、工程爆破等产生的较高噪声。

偶发噪声：指偶然发生、发生的时间和间隔无规律、单次持续时间较短、强度较高的噪声，如短促鸣笛声、工程爆破噪声等。

频发噪声：指频繁发生、发生的时间和间隔有一定规律、单次持续时间较短、强度较高的噪声，如排气噪声、货物装卸噪声等。

上述三个相关概念分别取自《声环境质量标准》和《工业企业厂界环境噪声排放标准》。但通常的理解认为，偶发噪声和频发噪声都是突发噪声，只是一个是偶然突然发生，一个是频繁突然发生而已。

2. 什么是等效声级？

首先要明白，声级是分级别的，划分的单位即我们通常听说的分贝，是与人们对声音强弱的主观感觉相一致的一个物理量。

何为等效声级？即学名为等效连续声级，用某一段时间内能量平均的方法，将间歇暴露的几个不同声级的噪声，用这样一个声级来表示该段时间的噪声大小。其实就是把若干声级的噪声加权平均后得出的一个噪声值。

3. 什么是峰值噪声？

噪声有高有低，这里说的就是最高点的噪声分贝数。

综上可以这样理解：如果厂界测量发现，夜间频发和夜间偶发超标准噪声，则取平均后噪声分贝数和最高点噪声中超标分贝值最高的一项计算应纳税额。

五、注意事项

1. 《环境保护税法》施行过程中，各个省、自治区、直辖市会对其他固体废物作出进一步明确。是否有相应固体废物的纳税义务，各地可能有所不同。

2. 征收机关和纳税人需要关注《国家危险废物名录》的具体内容，一是明确纳税人是否排放了危险废物；二是固体废物环境保护税纳税申报表填列需要知道危险废物的代码。

第二章

计税依据和应纳税额

【计税依据】

第七条 应税污染物的计税依据,按照下列方法确定:

(一)应税大气污染物按照污染物排放量折合的污染当量数确定;

(二)应税水污染物按照污染物排放量折合的污染当量数确定;

(三)应税固体废物按照固体废物的排放量确定;

(四)应税噪声按照超过国家规定标准的分贝数确定。

解析:

一、应税大气污染物、水污染物的计税依据为:污染物排放量折合的污染当量数

(一)如何确定污染物的排放量

详见《环境保护税法》第十条规定的相关解析。

(二)污染当量数

详见《环境保护税法》第八条规定的相关解析。

二、固体废物的计税依据为:固体废物的排放量

(一)监测、计算

固体废物的排放量为当期应税固体废物的产生量减去当期应税固体废物的贮存量、处置量、综合利用量的余额。

其中：

1. 固体废物的贮存量、处置量，是指在符合国家和地方环境保护标准的设施、场所贮存或者处置的固体废物数量。

2. 固体废物的综合利用量，是指按照国务院发展改革、工业和信息化主管部门关于资源综合利用要求以及国家和地方环境保护标准进行综合利用的固体废物数量。

（二）排放量的推定

若纳税人发生非法倾倒应税固体废物或进行虚假纳税申报情形的，则以其当期应税固体废物的产生量作为固体废物的排放量。

（三）特殊情况的处理

根据《财政部 税务总局 生态环境部关于环境保护税有关问题的通知》（财税〔2018〕23号，以下简称"财税〔2018〕23号文"）规定，纳税人不能准确计量应税固体废物的贮存量、处置量和综合利用量的，不得从其应税固体废物的产生量中减去。纳税人依法将应税固体废物转移至其他单位和个人进行贮存、处置或者综合利用的，固体废物的转移量相应计入其当期应税固体废物的贮存量、处置量或者综合利用量；纳税人接收的应税固体废物转移量，不计入其当期应税固体废物的产生量。

注意： 税法规定原则是"直接向外环境排放"征税，原来对固体废物的征管思路，是将上游纳税人合规转移至外单位的固体废物计入处置量，同时将接收量计入下游纳税人的当期产生量，按照纳税人最终实际综合利用的应税固体废物数量计入固体废物综合利用量中扣减，从而形成固体废物的链条式管理。但这可能与生态环境部按照产污单位源头管理的管理思路不太一致，所以现在规定：纳税人将应税固体废物转移至其他单位和个人进行贮存、处置或者综合利用的，其应税固体废物转移量应计入当期应税固体废物的贮存量、处置量、综合利用量。纳税人接受他人转移的固体废物数量，不计入当期固体废物的产生量。

三、噪声的计税依据：超过国家规定标准的分贝数，即实际监测噪声分贝数超过工业企业厂界噪声标准的分贝数

（一）噪声监测

由专业噪声监测机构利用监测仪器（积分平均声级计或环境噪声自动监测仪），遵循国家环境保护部（现为生态环境部）《工业企业厂界环境噪声排放标准》等规范，对工业企业的噪声进行监测并出具监测报告。

（二）噪声排放标准

《环境噪声污染防治法》确立了两类噪声标准：城市区域环境噪声标准和工业企业厂界噪声标准。具体到《环境保护税法》的征收对象：工业噪声，应适用后者。

1. 这里先介绍下《环境噪声污染防治法》工业企业厂界噪声标准规定的工业企业厂界噪声标准（如表 2-1 所示）。

表 2-1

类别	昼间	夜间	备注
一类	55 分贝	45 分贝	适用于以居住、文教机关为主的区域
二类	60 分贝	50 分贝	适用于居住、商业、工业混杂区及商业中心区
三类	65 分贝	55 分贝	适用于工业区
四类	70 分贝	55 分贝	适用于交通干线道路两侧区域

2. 生态环境部于 2008 年将上述标准进行了细化和完善，发布了《声环境质量标准》（GB 3096-2008），此即为《环境保护税法》规定的"国家规定标准"（如表 2-2 所示）。

表 2-2

声环境功能区类别		时段	
		昼间	夜间
0 类	—	50	40
1 类	—	55	45
2 类	—	60	50
3 类	—	65	55
4 类	4a 类	70	55
	4b 类	70	60

其中：

1. 类声环境功能区指以居民住宅、医疗卫生、文化教育、科研设计、行政办公为主要功能，需要保持安静的区域；

2. 类声环境功能区指以商业金融、集市贸易为主要功能，或者居住、商业、工业混杂，需要维护住宅安静的区域；

3. 类声环境功能区指以工业生产、仓储物流为主要功能，需要防止工业噪声对周围环境产生严重影响的区域；

4. 类声环境功能区指交通干线两侧一定距离之内，需要防止交通噪声对周围环境产生严重影响的区域，包括 4a 类和 4b 类。4a 类为高速公路、一级公路、二级公路、城市快速路、城市主干路、城市次干路、城市轨道交通（地面段）、内河航道两侧区域；4b 类为铁路干线两侧区域。

（三）特殊情况的处理

根据财税〔2018〕23 号文规定，噪声超标分贝数不是整数值的，按四舍五入取整。一个单位的同一监测点当月有多个监测数据超标的，以最高一次超标声级计算应纳税额。

【污染当量数】

第八条　应税大气污染物、水污染物的污染当量数，以该污染物的排放量除以该污染物的污染当量值计算。每种应税大气污染物、水污染物的具体污染当量值,依照本法所附"应税污染物和当量值表"执行。

解析:

一、何为"污染当量数"

等于该污染物的排放量除以该污染物的污染当量值。

二、何为"污染当量值"

因为污染物种类很多,仅《环境保护税法》规定的应税污染物就有一百余种,现实中还有不少污染物没纳入征税对象范围。如果想对各个污染物进行比较,必须得有一个统一的计算单位或指标。既然是污染物,可以从其对环境的有害程度以及处理的技术经济性出发,找一个指标或计量单位,以便对所有的污染物进行衡量。若以污水中 1 千克的最主要污染物——化学需氧量为基准,对其他污染物的有害程度、对生物体的毒性以及处理的费用等进行研究和测算,结果是:排放 0.0005 千克的总汞,4 千克的悬浮物,1 千克的化学需氧量……产生的污染危害和相应的处理费用基本相等或等值,也就是污水中总汞污染当量值是 0.0005 千克,悬浮物污染当量值是 4 千克,化学需氧量的污染当量值是 1 千克。最后,找到的这个指标就是"污染当量";衡量的结果(数值),即为污染当量值。

三、"污染当量值"在哪里能查到

每种应税大气污染物、水污染物的具体污染当量值,均在《环境保护税法》所附的"应税污染物和当量值表"中列示。此"污染当量值"固定不变,永远有效。

【例 2-1】某月对某企业排放的污水监测得到如下数据:排放总银 12 千克、化学需氧量 356 千克、总磷 67 千克;则三种污染物的污染当量数分别为:

总银的污染当量数＝排放量/污染当量值＝12千克/0.02千克＝600

化学需氧量的污染当量数＝排放量/污染当量值＝356千克/1千克＝356

总磷的污染当量数＝排放量/污染当量值＝67千克/0.25千克＝268

【实际征税的项目数】

第九条 每一排放口或者没有排放口的应税大气污染物，按照污染当量数从大到小排序，对前三项污染物征收环境保护税。

每一排放口的应税水污染物，按照本法所附"应税污染物和当量值表"，区分第一类水污染物和其他类水污染物，按照污染当量数从大到小排序，对第一类水污染物按照前五项征收环境保护税，对其他类水污染物按照前三项征收环境保护税。

省、自治区、直辖市人民政府根据本地区污染物减排的特殊需要，可以增加同一排放口征收环境保护税的应税污染物项目数，报同级人民代表大会常务委员会决定，并报全国人民代表大会常务委员会和国务院备案。

解析：

一、每一排放口

（一）《环境保护税法》以每一个排放口作为一个"征税单元"（个人理解，非官方定义），污染物需要在"排放口"做归集，然后再在纳税人"名下"归集。即每个排放口都需要做纳税申报，都有纳税义务

为此，《环境保护税法实施条例》第八条特别重申："从两个以上排放口排放应税污染物的，对每一排放口排放的应税污染物分别计算征收环境保护税"。

（二）没有排放口，怎么办

1. 需要注意的是：这里的所谓的排放口，其实主要指《排污许可证》

列明的排放口。若没取得《排污许可证》，则根据实际排放污染物的"排放口"计算。

2. 有企业没有明确的"排放口"吗？有！无组织排放，就没有统一的"排放口"，此种情况下如何确定排放量，进而计算污染当量数，可以利用"排放系数法、物料衡算法"计算，甚至"抽样测算法"核定。这些方法下，是不需要知道是否有排放口的。

二、应税大气污染物实际征税的项目数

按照污染当量数从大到小的排序，对前三项污染物征收环境保护税。省、自治区、直辖市人民政府根据本地区污染物减排的特殊需要，可以增加同一排放口征收环境保护税的应税大气污染物项目数，报同级人民代表大会常务委员会决定，并报全国人民代表大会常务委员会和国务院备案。

三、应税水污染物实际征税的项目数

区分第一类水污染物和其他类水污染物，按照污染当量数从大到小的排序，对第一类水污染物按照前五项征收环境保护税，对其他类水污染物按照前三项征收环境保护税。

（一）何为"第一类水污染物"

"应税污染物和当量值表"列示的第一类水污染物，即包括总汞、总镉、总铬、六价铬、总砷、总铅、总镍、苯并（a）芘、总铍、总银等水污染物。

（二）何为"其他类水污染物"

除了上述列举的第一类水污染物，余下的应税水污染物即为"其他类水污染物"。

（三）为何对"第一类水污染物"至少征收前五项

主要原因在于：其能在环境或动植物体内蓄积，会对人体健康产生长

远不良影响。环境保护对第一类水污染物严格监管的同时,《环境保护税法》也需要加大其税收成本。所以在对其他类水污染物征收三项的基础上,对第一类水污染物增加了两项。

(四)省、自治区、直辖市人民政府根据本地区污染物减排的特殊需要,可以增加同一排放口征收环境保护税的应税水污染物项目数,报同级人民代表大会常务委员会决定,并报全国人民代表大会常务委员会和国务院备案

提示:

截至目前,全国未发现有省、自治区、直辖市增加同一排放口征收环境保护税的应税水污染物项目数。当前,还处于用足大气污染物、水污染物具体适用税额标准范围的阶段。只有在最高适用税额标准(大气污染物:12元每污染当量;水污染物:14元每污染当量)不能满足环境保护目标时才可能存在增加一排放口征收环境保护税的应税水污染物项目数的情况。当然,彼时也可以修法提高大气污染物和水污染物每污染当量应纳税额标准范围。

【排放量和分贝数的计算方法和顺序】

第十条 应税大气污染物、水污染物、固体废物的排放量和噪声的分贝数,按照下列方法和顺序计算:

(一)纳税人安装使用符合国家规定和监测规范的污染物自动监测设备的,按照污染物自动监测数据计算;

(二)纳税人未安装使用污染物自动监测设备的,按照监测机构出具的符合国家有关规定和监测规范的监测数据计算;

(三)因排放污染物种类多等原因不具备监测条件的,按照国务院环境保护主管部门规定的排污系数、物料衡算方法计算;

(四)不能按照本条第一项至第三项规定的方法计算的,按照省、自治区、直辖市人民政府环境保护主管部门规定的抽样测算的方法核定计算。

解析：

一、顺序

只能适用列举的四种方法，且必须是按顺序进行的。即只有前一种方法不能适用时，才可以适用后一种，不能"跳跃"适用。

二、第一项：纳税人安装使用符合国家规定和监测规范的污染物自动监测设备的，按照污染物自动监测数据计算

（一）何为"污染物自动监测设备"

在污染源现场安装的用于监控、监测污染物排放的仪器、流量（速）计、污染治理设施运行记录仪和数据采集传输仪等仪器、仪表，是污染防治设施的组成部分。

（二）有哪些"国家规定"和"监测规范"

1. 法律法规。

（1）《大气污染防治法》第二十四条规定，企业事业单位和其他生产经营者应当按照国家有关规定和监测规范，对其排放的工业废气和本法第七十八条规定名录中所列有毒有害大气污染物进行监测，并保存原始监测记录。其中，重点排污单位应当安装、使用大气污染物排放自动监测设备，与环境保护主管部门的监控设备联网，保证监测设备正常运行并依法公开排放信息。监测的具体办法和重点排污单位的条件由国务院环境保护主管部门规定。

重点排污单位名录由设区的市级以上地方人民政府环境保护主管部门按照国务院环境保护主管部门的规定，根据本行政区域的大气环境承载力、重点大气污染物排放总量控制指标的要求以及排污单位排放大气污染物的种类、数量和浓度等因素，商有关部门确定，并向社会公布。

（2）《水污染防治法》第二十三条规定，实行排污许可管理的企业事

业单位和其他生产经营者应当按照国家有关规定和监测规范,对所排放的水污染物自行监测,并保存原始监测记录。重点排污单位还应当安装水污染物排放自动监测设备,与环境保护主管部门的监控设备联网,并保证监测设备正常运行。具体办法由国务院环境保护主管部门规定。

应当安装水污染物排放自动监测设备的重点排污单位名录,由设区的市级以上地方人民政府环境保护主管部门根据本行政区域的环境容量、重点水污染物排放总量控制指标的要求以及排污单位排放水污染物的种类、数量和浓度等因素,商同级有关部门确定。

2. 监测规范。

(1)《污染源自动监控设施运行管理办法》;

(2)《污染物在线自动监控(监测)系统数据传输标准》。

(三) 特殊情况的处理

根据《财政部 税务总局 生态环境部关于明确环境保护税应税污染物适用等有关问题的通知》(财税〔2018〕117号,以下简称"财税〔2018〕117号文")规定,纳税人按照规定须安装污染物自动监测设备并与生态环境主管部门联网的,当自动监测设备发生故障、设备维护、启停炉、停运等状态时,应当按照相关法律法规和《固定污染源烟气(SO_2、NO_x、颗粒物)排放连续监测技术规范》(HJ 75 – 2017)、《水污染源在线监测系统数据有效性判别技术规范》(HJ/T 356 – 2007)等规定,对数据状态进行标记,以及对数据缺失、无效时段的污染物排放量进行修约和替代处理,并按标记、处理后的自动监测数据计算应税污染物排放量。相关纳税人当月不能提供符合国家规定和监测规范的自动监测数据的,应当按照排污系数、物料衡算方法计算应税污染物排放量。纳入排污许可管理行业的纳税人,其应税污染物排放量的监测计算方法按照排污许可管理要求执行。纳税人主动安装使用符合国家规定和监测规范的污染物自动监测设备,但未与生态环境主管部门联网的,可以按照自动监测数据计算应税污染物排放量;不能提供符合国家规定和监测规范的自动监测数据的,应当按照监测机构出具的符合监测规范的监测数据或者排污系数、物料衡算方法计算应税污染物排放量。

三、第二项：纳税人未安装使用污染物自动监测设备的，按照监测机构出具的符合国家有关规定和监测规范的监测数据计算

解析：

（一）环境监测的类别

通常来说，有关环境的监测主要包括：环境质量监测、污染源监测、环境损害评估监测、环境影响评价现状监测等。其中，所谓的污染源监测，主要采用环境监测手段确定污染物的排放来源、排放浓度、污染物种类等，为控制污染源排放和环境影响评价等提供依据，即环境保护税意义上的"环境监测"。从事"污染源监测"的机构就是这里的"监测机构"。

（二）环境监测机构

当前我国的监测机构有两类：（1）环境保护部门所属的环境监测机构（监测站）。（2）社会环境监测机构。根据国家环境保护部《关于推进环境监测服务社会化的指导意见》（环发〔2015〕20号）精神，社会环境监测机构已经相继进入污染源监测服务市场。这些社会化环境监测机构需要经过省级环境保护部门作出"社会化环境监测机构能力认定"方能从事环境监测。在相关省（自治区、直辖市）环境保护部门的网站上，可以查到相关认定结果，主要包括：监测机构名称、可以监测的项目名称、监测能力认定有效期等信息。

（三）视同"监测机构出具的监测数据"

如果企业自行对污染物进行监测，所获取的监测数据符合国家有关规定和监测规范的，视同《环境保护税法》第十条第二项规定的监测机构出具的监测数据。

(四) 同一种污染物有多个监测数据时,怎么办?

根据财税〔2018〕23号文规定,纳税人委托监测机构对应税大气污染物和水污染物排放量进行监测时,其当月同一个排放口排放的同一种污染物有多个监测数据的,应税大气污染物按照监测数据的平均值计算应税污染物的排放量;应税水污染物按照监测数据以流量为权的加权平均值计算应税污染物的排放量。

(五) 监测时限内当月无监测数据时,怎么办?

根据财税〔2018〕23号文规定,可以跨月沿用最近一次的监测数据计算应税污染物排放量。但根据财税〔2018〕117号文规定,不得跨季度沿用监测数据。另外,纳入排污许可管理行业的纳税人,其应税污染物排放量的监测计算方法按照排污许可管理要求执行。即不执行上述按"平均值"和"沿用最近一次的监测数据"计算排放量的方法。

四、第三项:因排放污染物种类多等原因不具备监测条件的,按照国务院环境保护主管部门规定的排污系数、物料衡算方法计算

解析:

(一) 为何"排放污染物种类多,就不具备监测条件"

监测污染物需要相关专业人员利用专业监测设备,依据相关规范进行监测,不仅耗时还耗力。如果排放污染物种类较多,将其一一监测,需要耗用大量人力和物力。从社会成本和经济负担等角度出发,均不宜对此要求必须都监测。

(二) 还有什么原因,可以说"不具备监测条件"

污染物监测需要有特定的监测条件,方可进行有效监测。比如:对火力发电及锅炉的排污情况进行监测时,根据规定要求,净烟气直接排放的应在净烟气烟道上设置监测点位;有旁路的,旁路烟道也应设置监测点位。如果此两处位置因各种客观原因不能设置监测点位,则不能开展有效的大气污染物环境监测。

(三) 何为"排污系数""物料衡算"

"排污系数""物料衡算",也存在优先适用顺序。即可以适用"排污系数"方法计算污染物排放量时,不适用"物料衡算"方法。

1. 排污系数原理及应用。

排污系数是指在正常技术经济和管理条件下,生产单位产品所应排放的污染物量的统计平均值。

前述法条规定的"自动监测设备"监测、"监测机构"监测,统称为"实测法"。在实际监测条件不具备或不经济时,我们必须寻找其他确定污染物排放量的方法。若能知道正常技术经济和管理条件下,生产单位产品所应排放的污染物量的统计平均值,结合企业生产单位产品数量,即可大致"推算"出企业排污物的排放量。这里的各行各业污染物排放的"统计平均值",即实务中常说的"排污系数手册"。其使用的基础数据来源于2008年第一次全国污染源普查的相关数据。

第一次全国污染源普查结果分"城镇生活源"和"工业污染源"两类,分别颁布了"产排污系数手册",前者包括:我国城镇居民生活源、住宿餐饮业、居民服务和其他服务业、医院、机动车等五部分内容;后者包括:我国工业污染物产排量绝大部分的362个小类行业。其中,271个小类行业的产排污系数通过实测核算得出,91个小类行业的产排污系数采用类比方法获得。

【例2-2】城镇生活源排污系数法(注:根据《第一次全国污染源普查城镇生活源产排污系数手册》相关案例改编)

广东省某酒店有床位500张,年用水量为40000吨,产生的污水经过化粪池后排入市政管网后通往海洋等环境,计算该酒店年污染物产生量和排放量。

第一步,明确该酒店所在的区域、行业小类和规模大小。

该酒店位于广东省,根据《城镇生活污染源排污系数手册》(以下简称《生活污染源手册》）确定该酒店所属区域，即表2-3可查得广东属区域划分中的一区。根据营业特点确定其属住宿业中的旅游饭店小类；根据其有500张床位确定其规模为大型企业。

表2-3　　　　　　　　　住宿业区域的划分

序号	区域分类	包括的省（直辖市/自治区）
1	一区	广东、海南、上海、北京、江苏、浙江、山东、天津、福建
2	二区	湖南、湖北、安徽、江西、河南、四川、重庆、广西、云南、贵州
3	三区	吉林、辽宁、黑龙江、陕西、甘肃、青海、西藏、宁夏、山西、河北、内蒙古、新疆

第二步，查找该酒店对应的产排污系数。

根据第一步确定的区域、行业小类和规模，由系数表单中的表2-4查得其对应的污水量核算系数和校核系数，再由表2-5查得其对应的产污系数和排污系数。

表2-4　　　　　　　住宿业污水量核算和校核系数表

行业名称	所在区域	行业小类	规模大小	计量单位	污水排放系数	
					核算系数	校核系数
住宿业	一区	旅游饭店	大	吨/床位·天	0.32	0.08~0.80
			中		0.25	0.08~0.80
		一般旅馆	中	吨/床位·天	0.20	0.05~0.60
			小		0.16	0.05~0.60

表2-5　　　　　　　旅游饭店（6610）产排污系数表

所在区域	规模大小	污染物指标	计量单位	产污系数	污水处理方式	排污系数
一区	大	污水量		用水量的92%		用水量的92%
		垃圾产生量	千克/床位·天	0.40		0.40
		化学需氧量	克/床位·天	60	直排	60
					预处理	42
					生化处理	17.4
					深度处理	5.80

续表

所在区域	规模大小	污染物指标	计量单位	产污系数	污水处理方式	排污系数
一区	大	总磷	克/床位·天	0.77	直排	0.77
					预处理	0.65
					生化处理	0.54
					深度处理	0.15
		总氮	克/床位·天	8.10	直排	8.10
					预处理	7.29
					生化处理	4.86
					深度处理	2.43
		氨氮	克/床位·天	5.70	直排	5.70
					预处理	5.70
					生化处理	2.28
					深度处理	0.86

第三步，污染物产生量计算。

首先，对该酒店填报的用水量进行校核，判断其是否合理。由表 2-4 查得该酒店对应的污水量校核系数范围为 0.08~0.80 吨/床位·天，核算系数为 0.32 吨/床位·天，根据该酒店填报的用水量折算的污水排放系数 $W_d = (fQ_a)/365N = (40000\text{吨} \times 0.92)/(365\text{天} \times 500\text{床位}) = 0.202$ 吨/床位·天，位于校核系数范围（0.08~0.80）之内，数据可信；否则数据不可信。

其次，根据上述表 2-5 查得的该酒店各系数指标的产污系数计算污染物产生量。

年污水产生量：40000 吨 × 0.92 = 36800 吨（注：如前面校核结果该酒店用水量不可信，则年污水产生量应根据污水量核算系数进行计算：0.32 吨/床位·天 × 365 天 × 500 床位 = 58400 吨）

年垃圾产生量：0.40 千克/床位·天 × 365 天 × 500 床位 × 0.001 = 73 吨

年化学需氧量产生量：60 克/床位·天 × 365 天 × 500 床位 × 0.001 = 10950 千克

年总磷产生量：0.77 克/床位·天 × 365 天 × 500 床位 × 0.001 = 140.525 千克

年总氮产生量：8.10 克/床位·天 × 365 天 × 500 床位 × 0.001 = 1478.25 千克

年氨氮产生量：5.70 克/床位·天 × 365 天 × 500 床位 × 0.001 = 1040.25 千克

第四步，污染物排放量计算。

该酒店污水处理方式采用化粪池初级处理方式，属预处理设施，由表 2-5 查得的该污水处理方式对应的排污系数，计算其污染物排放量。

年污水排放量：等于年污水产生量

年化学需氧量排放量：42 克/床位·天 × 365 天 × 500 床位 × 0.001 = 7665 千克

年总磷排放量：0.65 克/床位·天 × 365 天 × 500 床位 × 0.001 = 118.625 千克

年总氮排放量：7.29 克/床位·天 × 365 天 × 500 床位 × 0.001 = 1330.425 千克

年氨氮排放量：5.70 克/床位·天 × 365 天 × 500 床位 × 0.001 = 104.025 千克

【例 2-3】工业污染源排污系数法（注：摘自《第一次全国污染源普查工业污染源产排污系数手册》（第一分册））。

位于山西省晋南地区的某煤矿年生产烟煤 30 万吨，其生产工艺为井工开采、炮采，其产品全部进入配套选煤厂进行洗选加工，该选煤厂的洗水达到三级闭路循环。

第一步，明确以下基本信息：

(1) 查看《工业污染源排污系数手册》（以下简称"工业污染源手册"），确定山西晋南地区属于二类地区；

(2) 本煤矿选煤厂洗煤废水的处理利用达到三级闭路循环；

(3) 本企业属于煤炭开采——洗选联合企业，其污染物产生量和排放量包括煤矿煤炭开采和选煤厂煤炭洗选加工两部分产、排污量之和。

第二步，根据本企业产品、原料、工艺、规模和污染物末端处理技术，分别计算煤矿和选煤厂的产排污量。

对于煤矿，基本类型为"烟煤＋烟煤＋井工炮采＋≤30万吨/年＋沉淀分离法"。

在工业手册"0610烟煤无烟煤开采业产排污系数表"找到二类地区对应的污染物产污系数：工业废水量1.4吨/吨—产品、化学需氧量182克/吨—产品、石油类5.54克/吨—产品、工业固体废物（煤矸石）0.08吨/吨—产品；排污系数为工业废水量0.55吨/吨—产品、化学需氧量33克/吨—产品、石油类1.668克/吨—产品，工业固体废物（煤矸石）没有排污系数（如表2－6所示）。

表2－6　　　烟煤和无烟煤洗选业产排污系数表（摘录）

产品名称	原料名称	工艺名称	规模等级	污染物指标	单位	产污系数	末端治理技术名称	排污系数
烟煤和无烟煤	烟煤和无烟煤	井工开采炮采	≤30万吨/年	工业废水量	吨/吨－产品	1.4	沉淀分离	0.55
				化学需氧量	克/吨－产品	182	沉淀分离	33
				石油类	克/吨－产品	5.54	沉淀分离	1.668
				工业固体废物（煤矸石）	吨/吨－产品	0.08	—	—

对于选煤厂，基本类型为"洗精煤＋烟煤＋块煤末煤全入选＋≤30万吨/年＋'物理＋化学'"。查"0610烟煤无烟煤洗选业产排污系数表"找

到与三级闭路循环对应的污染物产污系数：工业废水量 0.3 吨/吨—原料、化学需氧量 44 克/吨—原料、石油类 2.25 克/吨—原料、工业固体废物（煤矸石）0.18 吨/吨—原料、工业固体废物（浮选尾矿）0.05 吨/吨—原料；排污系数为工业废水量 0.05 吨/吨—原料、化学需氧量 4.2 克/吨—原料、石油类 0.32 克/吨—原料，工业固体废物（煤矸石和浮选尾矿）没有排污系数（如表 2-7 所示）。

表 2-7　　　　烟煤和无烟煤洗选业产排污系数表（摘录）

产品名称	原料名称	工艺名称	规模等级	污染物指标	单位	产污系数	末端治理技术名称	排污系数
洗精煤	烟煤和无烟煤	块煤、末煤全入选	≤30万吨/年	工业废水量	吨/吨-原料	0.30	物理+化学	0.05
				化学需氧量	克/吨-原料	44	物理+化学	4.2
				石油类	克/吨-原料	2.25	物理+化学	0.32
				工业固体废物（煤矸石）	吨/吨-原料	0.18	—	—
				工业固体废物（浮选尾矿）	吨/吨-原料	0.05	—	—

第三步，根据企业生产能力分别计算煤矿和选煤厂污染物的产生和排放量。

煤矿废水中石油类的产生量：30 万吨 × 5.54 克/吨 = 1.662 吨

排放量：30 万吨 × 1.668 克/吨 = 0.5004 吨

其余污染物产生量和排放量同此方法计算。

选煤厂废水中石油类的产生量为：30 万吨 × 2.25 克/吨 = 0.675 吨

排放量为：30 万吨 × 0.32 克/吨 = 0.096 吨

其余污染物产生量和排放量同此方法计算。

第四步，计算该煤炭采选联合企业各污染物的产生和排放总量。

废水中石油类产生总量为：1.662 吨 + 0.675 吨 = 2.337 吨；废水中石

油类排放总量为：0.5004 吨 + 0.096 吨 = 0.5964 吨。其余污染物的产生量和排放量同此方法计算。

2. 物料衡算法原理及应用。

物料衡算法是指根据物质质量守恒原理对生产过程中使用的原料、生产的产品和产生的废物等进行测算的一种方法。

【例 2 - 4】某公司 2018 年第一季度锅炉消耗原煤 26599 吨，灰分 11.7%。

根据物料衡算法，燃煤过程中污染物排放的：SO_2 排放量 = 1600 × 耗煤量（吨）× 煤炭中的含硫分 ×〔1 - 脱硫效率〕；NO_x 排放量 = 1630 × 耗煤量 ×〔0.015 × 燃煤中氮的 NO_x 转化率 + 0.000938〕；烟尘排放量 = ｛1000 千克/吨 × 耗煤量（吨）× 煤中的灰分（%）× 灰分中的烟尘（%）×（1 - 除尘效率（%））｝÷〔1 - 烟尘中的可燃物（%）〕。计算其污染物排放量。

解：

SO_2 排放量 = 1600 × 26599 × 0.85% × (1 - 0%) = 361746.40（千克）

NO_x 排放量 = 1630 × 26599 × (0.015 × 22.5% + 0.000938) = 186996.02（千克）

烟尘排放量 = ｛1000 × 26599 × 11.7% × 20% × (1 - 99%)｝÷ (1 - 6%) = 6621.45（千克）

3. 排污系数、物料衡算与税收征管。

以上关于排污系数和物料衡算的原理及应用，仅用来帮助大家理解排污系数和物料衡算这两个概念。具体到《环境保护税法》及征收管理层面，我们还需要关注生态环境部《关于环境保护税纳税人适用排污系数和物料衡算方法的公告》的具体内容。其主要内容如下：

（1）目的。落实环境保护税法第十条第三款"因排放污染物种类多等原因不具备监测条件的，按照国务院环境保护主管部门规定的排污系数、物料衡算方法计算"的规定要求。

（2）分类适用。将纳税人分为"纳入排污许可证管理的纳税人"和"不纳入排污许可证管理的纳税人"两大类。分别制定了《火电、造纸等15个排污许可管理行业适用的排污系数、物料衡算方法》《未纳入排污许可管理行业适用的排污系数、物料衡算方法》。

限于篇幅，本书对此不做详细介绍。有兴趣的读者，可以在生态环境部网站上查到该文［《环境保护部关于发布计算污染物排放量的排污系数和物料衡算方法的公告》（环境保护部公告2017年第81号）］，进行学习、研究。

注意：《生态环境部 财政部 税务总局关于发布计算环境保护税应税污染物排放量的排污系数和物料衡算方法的公告》（生态环境部 财政部 税务总局公告2021年第16号，以下简称"总局2021年第16号公告"）进一步规范了因排放污染物种类多等原因不具备监测条件的排污单位应税污染物排放量计算方法，即分三种情况：（1）属于排污许可管理的排污单位，适用生态环境部发布的排污许可证申请与核发技术规范中规定的排（产）污系数、物料衡算方法计算应税污染物排放量；排污许可证申请与核发技术规范未规定相关排（产）污系数的，适用生态环境部发布的排放源统计调查制度规定的排（产）污系数方法计算应税污染物排放量。（2）不属于排污许可管理的排污单位，适用生态环境部发布的排放源统计调查制度规定的排（产）污系数方法计算应税污染物排放量。（3）上述情形中仍无相关计算方法的，由各省、自治区、直辖市生态环境主管部门结合本地实际情况，科学合理制定抽样测算方法。并规定自2021年5月1日起施行，《关于发布计算污染物排放量的排污系数和物料衡算方法的公告》（环境保护部公告2017年第81号）同时废止。所以，在2021年5月1日前，按环境保护部公告2017年第81号规定计算，之后按总局2021年第16号公告计算。

五、第四项：不能按照本条第一项至第三项规定的方法计算的，按照省、自治区、直辖市人民政府环境保护主管部门规定的抽样测算的方法核定计算

（一）何时适用"抽样测算的方法"核定污染物排放量和噪声的分贝数

无法实际监测或者无法按照排污系数、物料衡算计算污染物排放量和噪声的分贝数时。

（二）"抽样测算的方法"谁规定

省、自治区、直辖市人民政府环境保护主管部门规定。

（三）核定计算

1. 只有"按照省、自治区、直辖市人民政府环境保护主管部门规定的抽样测算的方法"才是《环境保护税法》意义上的核定征收。

2. 《环境保护税法》上的核定，仅核定污染物的排放量，不直接核定其应纳税额。

3. 与《税收征收管理法》规定的核定应纳税额不同。

《税收征收管理法》第三十五条规定，纳税人有下列情形之一的，税务机关有权核定其应纳税额：（1）依照法律、行政法规的规定可以不设置账簿的；（2）依照法律、行政法规的规定应当设置账簿但未设置的；（3）擅自销毁账簿或者拒不提供纳税资料的；（4）虽设置账簿，但账目混乱或者成本资料、收入凭证、费用凭证残缺不全，难以查账的；（5）发生纳税义务，未按照规定的期限办理纳税申报，经税务机关责令限期申报，逾期仍不申报的；（6）纳税人申报的计税依据明显偏低，又无正当理由的。

笔者认为，环境保护税虽是税法中的一种，但因其计税依据的确认（即污染物排放量）与企业账簿记载无法建立直接关系，所以环境保护税角度的核定应无法适用《税收征收管理法》的上述规定，只能依据《环境保护税法》第十条第四款规定进行。

有人亦提出，这一规定与《税收征收管理法》第三十五条规定有冲突。国家税务总局的观点为："《环境保护税法》第二十一条明确，对采用抽样测算办法计算应税污染物排放量的纳税人，应由税务机关会同生态环境部门核定污染物排放种类、数量和应纳税额，这一规定反映了环境保护税专业性强的特点，也体现了加强部门协作的税法精神，总体看，与《税收征管法》第三十五条关于税务机关依职权核定应纳税额的规定无冲突。"①

（四）何为"抽样测算"

《财政部 税务总局 环境保护部关于全面做好环境保护税法实施准备工作的通知》（财税〔2017〕62号）有关规定，2017年底各省级环境保护部门应结合本地实际情况制定应税污染物排放量抽样测算方法，省级税务部门要制定核定征收的具体方法。各地的落实方式不尽相同，有生态环境厅和地方税务局联合下发《×××环境保护税核定征收管理办法》的（如海南省、广东省），也有生态环境厅单独下发《×××环境保护税应税污染物排放量抽样测算方法》（如四川省）的。

在此，介绍下四川省生态环境厅发布的《四川省环境保护税应税污染物排放量抽样测算方法（试行）》的公告主要内容：

1. 适用范围：无法进行实际监测或者物料衡算的第三产业的小型排污者和施工扬尘2个行业相关污染物排放量的核算。

2. 污染物排放量的计算公式。

（1）第三产业排污者污水排放量计算公式。

污水排放量（吨/月） = 用水量（吨/月） × 行业污水排放系数

污水排放量：排污者在生产经营活动中的污水排放量；

---

① 来源于《国家税务总局对十三届全国人大一次会议第6582号建议的答复》，具体网址为：http://www.chinatax.gov.cn/chinatax/n810214/n2015391/c3935163/content.html，最后访问时间为：2022年4月29日。

用水量：排污者在正常经营活动中的用水量；

行业污水排放系数：通过对小型排污者的用水量和污水排放量进行测算及行业分类统计，结合《第一次全国污染源普查产排污系数手册》中的相关技术规范，具体行业类型及对应的产污系数，见表2-8。

表2-8　第一次全国污染源普查产排污系数手册中的小型三产污水排放系数

行业	污水排放系数	备注
住宿业	用水量的92%	住宿业指"纯住宿业"，不包括住宿业中的餐饮、美容美发、洗浴等附属经营活动，附属经营活动另算
餐饮业	用水量的88%	
洗染服务业	用水量的95%	专营的洗染店以及在宾馆、饭店内常设的独立（或相对独立）洗染服务
理发及美容保健服务	用水量的95%	专业理发、美容保健服务，以及在宾馆、饭店或娱乐场所常设的独立（或相对独立）理发、美容保健服务
洗浴服务业	用水量的95%	专业洗浴室以及在宾馆、饭店或娱乐场所常设的独立（或相对独立）洗浴服务
摄影扩印服务	用水量的95%	
汽车、摩托车维修与保养	用水量的95%	
医院和其他医疗机构	用水量的86%	

（2）施工扬尘排放量计算公式。

扬尘排放量 =（扬尘产生量系数 - 扬尘排放量削减系数）（千克/平方米·月）×月建筑面积或施工面积（平方米）

扬尘产生量系数和扬尘排放量削减系数是参照环境保护部办公厅《关于排污申报与排污费征收有关问题的通知》（环办〔2014〕80号）中相关系数执行，见表2-9。

表 2 – 9　　　　　　　　　施工扬尘产生、削减系数表

工地类型			扬尘产生量系数（千克/平方米·月）	
建筑施工			1.01	
市政（拆迁）施工			1.64	
工地类型	扬尘类型	扬尘污染控制措施	扬尘排放量削减系数（千克/平方米·月）	
			措施达标	
			是	否
建筑工地	一次扬尘	道路硬化措施	0.071	0
		边界围挡	0.047	0
		裸露地面覆盖	0.047	0
		易扬尘物料覆盖	0.025	0
		定期喷洒抑制剂	0.03	0
	二次扬尘	运输车辆机械冲洗装置	0.31	0
		运输车辆简易冲洗装置	0.155	0
市政（拆迁）工地	一次扬尘	道路硬化措施	0.102	0
		边界围挡	0.102	0
		易扬尘物料覆盖	0.066	0
		定期喷洒抑制剂	0.03	0
	二次扬尘	运输车辆机械冲洗装置	0.68	0
		运输车辆简易冲洗装置	0.034	0

（五）无组织排放应税大气污染物排放量的计算

根据财税〔2018〕117号文规定，在建筑施工、货物装卸和堆存过程中无组织排放应税大气污染物的，按照生态环境部规定的排污系数、物料衡算方法计算应税污染物排放量；不能按照生态环境部规定的排污系数、物料衡算方法计算的，按照省、自治区、直辖市生态环境主管部门规定的抽样测算的方法核定计算应税污染物排放量。

六、污染物排放量的推定

（一）固体废物

根据《环境保护税法实施条例》的相关规定，若纳税人非法倾倒应税

固体废物或进行虚假纳税申报,则以其当期应税固体废物的产生量作为固体废物的排放量。

(二)应税大气污染物、水污染物

根据《环境保护税法实施条例》的相关规定,若纳税人存在下列情形之一的,以其当期应税大气污染物、水污染物的产生量作为污染物的排放量:

1. 未依法安装使用污染物自动监测设备或者未将污染物自动监测设备与环境保护主管部门的监控设备联网。

2. 损毁或者擅自移动、改变污染物自动监测设备。

3. 篡改、伪造污染物监测数据。

4. 通过暗管、渗井、渗坑、灌注或者稀释排放以及不正常运行防治污染设施等方式违法排放应税污染物。

5. 进行虚假纳税申报。

【应纳税额】

第十一条 环境保护税应纳税额按照下列方法计算:

(一)应税大气污染物的应纳税额为污染当量数乘以具体适用税额;

(二)应税水污染物的应纳税额为污染当量数乘以具体适用税额;

(三)应税固体废物的应纳税额为固体废物排放量乘以具体适用税额;

(四)应税噪声的应纳税额为超过国家规定标准的分贝数对应的具体适用税额。

解析:

一、应税大气、水污染物应纳税额 = 污染当量数 × 具体适用税额

其中:

污染当量数等于排放量除以污染当量值,排放量根据《环境保护税

法》第十条规定的4种方法计算确定。

污染当量值见《环境保护税法》附表二"应税污染物和当量值表"列示数值。

具体适用税额由各省、自治区、直辖市人民代表大会常务委员会在《环境保护税法》附表一"环境保护税税目税额表"所规定的范围内决定本地适用的税额。

【例2-5】某企业2018年6月排放二氧化硫45千克、化学需氧量78千克，若当地适用税额为大气污染物每污染当量1.2元、水污染物每污染当量1.4元，则：

大气污染污染（二氧化硫）应纳税额＝污染当量数×具体适用税额＝45千克/0.95千克×1.2元＝56.84元

水污染物（化学需氧量）应纳税额＝污染当量数×具体适用税额＝78千克/1千克×1.4元＝109.2元

二、应税固体废物的应纳税额＝固体废物排放量×具体适用税额

其中：

固体废物排放量＝当期应税固体废物的产生量－当期应税固体废物的贮存量、处置量－当期应税固体废物综合利用量。

具体适用税额则根据《环境保护税法》所附"环境保护税税目税额表"中所示"5元/吨、15元/吨、25元/吨、1000元/吨"进行选择。

【例2-6】某企业2018年3月产生固体废物粉煤灰56吨，利用自建设施贮存、处置35吨，交由其他企业综合利用20吨，则：

应纳税额＝固体废物排放量×具体适用税额＝（产生量－贮存量、处置量－综合利用量）×具体适用税额＝（56吨－35吨－20吨）×25元/吨＝25元

三、应税噪声的应纳税额 = 超过国家规定标准的分贝数对应的具体适用税额

其中：超过国家规定标准的分贝数 = 实际监测的噪声分贝数 – 国家规定标准的分贝数。

【例 2 – 7】某企业 2018 年 3 月监测工厂噪声，夜间 60 分贝、昼间 67 分贝；根据《环境噪声污染防治法》及相关规定，该企业位于 3 类标准区域，噪声标准值为：夜间 55 分贝、昼间 65 分贝，则：

夜间超过国家标准分贝数 = 60 分贝 – 55 分贝 = 5 分贝

昼间超过国家标准分贝数 = 67 分贝 – 65 分贝 = 2 分贝

应纳噪声环境保护税额 = 350 元 + 700 元 = 1050 元

第三章

税收减免

【暂免征税】

第十二条 下列情形,暂予免征环境保护税:

(一)农业生产(不包括规模化养殖)排放应税污染物的;

(二)机动车、铁路机车、非道路移动机械、船舶和航空器等流动污染源排放应税污染物的;

(三)依法设立的城乡污水集中处理、生活垃圾集中处理场所排放相应应税污染物,不超过国家和地方规定的排放标准的;

(四)纳税人综合利用的固体废物,符合国家和地方环境保护标准的;

(五)国务院批准免税的其他情形。

前款第五项免税规定,由国务院报全国人民代表大会常务委员会备案。

解析:

提示:暂予免征环境保护税,非直接规定免征环境保护税!

第一项:农业生产(不包括规模化养殖)排放应税污染物的。

一、"农业生产"的外延,如何确定

1. 现行税法中明确提及"农业生产"的仅限《增值税暂行条例》第十五条的规定,即"农业生产者销售的自产农产品,免征增值税。"《财政部 国家税务总局关于〈印发农业产品征税范围注释〉的通知》(财税字〔1995〕52号)则对此处的"农业生产者销售的自产农产品"做了解释:

指直接从事植物的种植、收割和动物的饲养、捕捞的单位和个人销售的注释所列的自产农业产品。即增值税角度的"农业生产"是包括传统意义上的农、林、牧、渔等的"大农业"。

2. 国家统计局发布的《国民经济行业分类》（GB/T 4754－2017）则将农业和林业、畜牧业、渔业、农林牧渔专业及辅助性活动并列，即国家统计部门将农业定义为"小农业"。

而此处的"农业生产"是参照增值税意义上的界定还是依据《国民经济行业分类》（GB/T 4754－2017）作出定义？我们拭目以待。

笔者认为：从支持农业发展的立法本意看：环境保护税角度的"农业生产"应包括农、林、牧、渔等与农民直接相关的活动，即"大农业"。

二、规模化养殖

（一）省级人民政府确定规模化养殖标准

《环境保护税法实施条例》规定，达到省级人民政府确定的规模标准并且有污染物排放口的畜禽养殖场，应当依法缴纳环境保护税。即规模化养殖的规模标准由省级人民政府确定。

（二）为何规定规模化养殖的规模标准由省级人民政府确定

因为根据《畜禽规模养殖污染防治条例》（国务院令第643号）第四十三条规定，"畜禽养殖场、养殖小区的具体规模标准由省级人民政府确定，并报国务院环境保护部门和国务院农牧主管部门备案"。

（三）为何对"规模化养殖"不免税

根据《环境保护税法》（草案）的立法说明，"鉴于规模化养殖对农村环境威胁较大，未将其列入免税范围"。这个容易理解。

（四）疑问：会与《环境保护税法》相冲突吗

1. 《环境保护税法》附表二之四：禽畜养殖业、小型企业和第三产业水污染当量值（如表3－1所示）。

表 3－1

类型		污染当量值	备注
禽畜养殖场	1. 牛	0.1 头	仅对存栏规模大于 50 头牛、500 头猪、500 羽鸡鸭等的禽畜养殖场征收
	2. 猪	1 头	
	3. 鸡、鸭等家禽	30 羽	

如果某省人民政府规定,本地养殖 40 头牛以上即达到规模化养殖标准,则当地税务机关是否需要对养殖 40 头牛的养殖场征税?如果征税,是否会违背上述《环境保护税法》的规定?如果规定当地养殖 100 头牛以上才达到规模化养殖标准,那税务机关对养殖 60 头牛的养殖场就可以不征税吗?

2. 各地规模化养殖标准用词与《环境保护税法》规定的差异。

【例 3－1】2017 年山东省畜禽养殖场(养殖小区)规模标准(如表 3－2 所示)。

表 3－2

序号	禽畜名称	标准
1	生猪	年出栏量 500 头以上
2	奶牛	存栏量 100 头以上
3	肉鸡/肉鸭	年出栏量 50000 只以上
4	蛋鸡/蛋鸭	存栏量 10000 只以上
5	肉牛	年出栏量 100 头以上
6	羊	年出栏量 500 只以上
7	兔	存栏量 3000 只以上
8	其他畜禽	由各设区市根据本地实际确定

此处规定中,既有存栏量也有出栏量;既有明确规定的标准,也有授权各设区市自行确定的标准。在环境保护税征收管理实践中,看来需要更多的"智慧"才能妥善解决这些冲突。

第二项：机动车、铁路机车、非道路移动机械、船舶和航空器等流动污染源排放应税污染物的。

根据《环境保护税法》（草案）的立法说明，现行税制中已有车船税、消费税、车辆购置税等税种对机动车的生产和使用进行调节，其中，车船税和消费税按排量征税，对促进节能减排发挥了积极作用，在当前推进结构性减税的大环境下，不宜再进一步增加使用成本，因此，对机动车、船舶和航空器等流动污染源排放的应税污染物免税。

第三项：依法设立的城乡污水集中处理、生活垃圾集中处理场所排放相应应税污染物，不超过国家和地方规定的排放标准的。

一、免税的理由

根据《环境保护税法》（草案）的立法说明，考虑到根据国家有关规定，达标排放污染物的城镇污水集中处理、生活垃圾集中处理场所免缴排污费，为保持政策的连续性，对依法设立的城乡污水集中处理、生活垃圾集中处理场所向环境达标排放的应税污染物免税，对工业污水集中处理场所不予免税。

总结：

1. 城乡污水集中处理、生活垃圾集中处理场所向环境达标排放的应税污染物，免税；超过环境达标排放的应税污染物，征税。

2. 工业污水集中处理场所不论是否超过环境达标排放的应税污染物，都征税。

思考：

工业垃圾集中处理场所排放应税污染物，是否征税？

根据税收法定原则，笔者认为：现行税法规定无免税规定的情况下，应征税！

二、"城乡污水集中处理场所"的定义

根据《环境保护税法实施条例》第三条规定，城乡污水集中处理场所是指为社会公众提供生活污水处理服务的场所，不包括为工业园区、开发区等工业聚集区域内的企业事业单位和其他生产经营者提供污水处理服务的场所，以及企业事业单位和其他生产经营者自建自用的污水处理场所。

三、为何未对"依法设立的生活垃圾集中处理场所"做定义

第一，现行规定中，未发现对"依法设立的生活垃圾集中处理场所"作出定义的规定。好在《城市生活垃圾管理办法》（住房和城乡建设部令第24号）规定，从事城市生活垃圾经营性清扫、收集、运输的企业，应当取得城市生活垃圾经营性清扫、收集、运输服务许可证。从事城市生活垃圾经营性处置的企业，应当向所在地直辖市、市、县人民政府建设（环境卫生）主管部门取得城市生活垃圾经营性处置服务许可证。

第二，如果说必须对此概念做个明确的话，可以借鉴《环境保护税法实施条例》对此作出的定义（第十条 生活垃圾集中处理场所是指面向社会公众提供公共生活垃圾集中处理服务，并由财政支付运营服务费或者安排运营资金的填埋场、焚烧厂、堆肥厂等生活垃圾集中处理厂站或者设施），结合上述《城市生活垃圾管理办法》的相关内容确定为：依法取得城市生活垃圾经营性清扫、收集、运输（处置）服务许可证的面向社会公众提供公共生活垃圾集中处理服务的填埋场、焚烧厂、堆肥厂等生活垃圾集中处理厂站或者设施。

根据财税〔2018〕117号文规定，依法设立的生活垃圾焚烧发电厂、生活垃圾填埋场、生活垃圾堆肥厂，属于生活垃圾集中处理场所，其排放应税污染物不超过国家和地方规定的排放标准的，依法予以免征环境保护税。

四、如果超过国家和地方规定的排放标准，怎么征税

非常遗憾的是：《环境保护税法》及其实施条例对此问题均未明确。

我们只是在《环境保护税法实施条例》（征求意见稿）中发现有如下规定：对依法设立的城乡污水集中处理、生活垃圾集中处理场所，其当月排放应税水污染、大气污染物超过排污许可证规定的排放限值的，按照超过限值的排放量计算征收环境保护税。

第四项：纳税人综合利用的固体废物，符合国家和地方环境保护标准的。

一、免税的理由

根据《环境保护税法》（草案）的立法说明，为鼓励固体废物综合利用，减少污染物排放，对纳税人符合标准综合利用的固体废物免税。

二、何为"综合利用"

（一）《环境保护税法实施条例》的规定

1. 何为"综合利用"

《环境保护税法》及其实施条例均未做规定。仅在条例第五条规定，固体废物的综合利用量，是指按照国务院发展改革、工业和信息化主管部门关于资源综合利用要求以及国家和地方环境保护标准进行综合利用的固体废物数量。结合财税〔2018〕23号文规定，纳税人对应税固体废物进行综合利用的，应当符合工业和信息化部制定的工业固体废物综合利用评价管理规范。笔者认为，可以将其理解为：前者是对"综合利用"的量的界定；后者是对"综合利用"的质的界定。至于这里说的"工业固体废物综合利用评价管理规范"应是指《工业固体废物资源综合利用评价管理暂行办法》和《国家工业固体废物资源综合利用产品目录》（工信部公告

2018年第26号）。

2. 何为固体废物"利用"

根据《固体废物污染环境防治法》第八十八条规定，利用是指从固体废物中提取物质作为原材料或者燃料的活动。例如：从金属冶炼渣中提取铜、铁、金、银等有价金属；从粉煤灰中提取玻璃微珠；从煤矸石中回收硫铁矿；纸张、玻璃、金属、塑料等固体废物的再生利用。

第五项：国务院批准免税的其他情形。

兜底条款，为国务院适时推出免征环境保护税，提供法律依据。但国务院批准的免税，必须由国务院报全国人民代表大会常务委员会进行备案。

【低浓度排放大气污染物或水污染物税收优惠】

第十三条 纳税人排放应税大气污染物或者水污染物的浓度值低于国家和地方规定的污染物排放标准百分之三十的，减按百分之七十五征收环境保护税。纳税人排放应税大气污染物或者水污染物的浓度值低于国家和地方规定的污染物排放标准百分之五十的，减按百分之五十征收环境保护税。

解析：

一、如何计算"浓度值"

《环境保护税法实施条例》规定，浓度值是指纳税人安装使用的污染物自动监测设备当月自动监测的应税大气污染物浓度值的小时平均值再平均所得数值或者应税水污染物浓度值的日平均值再平均所得数值，或者监测机构当月监测的应税大气污染物、水污染物浓度值的平均值。

（一）自动监测

（1）应税大气污染物浓度值 = 应税大气污染物浓度小时平均值再平均所得数值。

（2）应税水污染物浓度值＝应税水污染物浓度的日平均值再平均所得数值。

（二）机构监测

当月监测的应税大气污染物、水污染物浓度值的平均值。

二、浓度值计算的限制规定

应税大气污染物浓度值的小时平均值或者应税水污染物浓度值的日平均值，以及监测机构当月每次监测的应税大气污染物、水污染物的浓度值，均不得超过国家和地方规定的污染物排放标准。即如果超过国家和地方规定的污染物排放标准，则当月该污染物不能享受该条法律规定的减税待遇。

另外，根据财税〔2018〕117号文规定，纳税人任何一个排放口排放应税大气污染物、水污染物的浓度值，以及没有排放口排放应税大气污染物的浓度值，超过国家和地方规定的污染物排放标准的，依法不予减征环境保护税。

所以，该类纳税人一旦超过国家和地方规定的排放标准，全部排放口就都不能享受暂予免征环境保护税的税收优惠了。至于"依法不予减征环境保护税"的期限，笔者认为，根据环境保护税"按月计算，按季申报"的规则和鼓励纳税人尽快恢复到不超标排放状态角度出发，应只限于该月不能减征环境保护税。

三、小结

1. 四类应税污染物中，只有大气、水污染物可以享受低浓度排放减征环境保护税的税收优惠。

2. 必须是使用自动监测设备或利用监测机构监测污染物的排放量。即不适用于《环境保护税法》第十条规定的"排污系数""物料衡算""抽样测算"等方法的纳税人。

3. 应税大气污染物浓度值的小时平均值或者应税水污染物浓度值的日平均值,以及监测机构当月每次监测的应税大气污染物、水污染物的浓度值,均不得超过国家和地方规定的污染物排放标准。

4. 因环境保护税是按月计算、按季申报,此处的减税优惠,也是按月分污染物分别确认的。

【例3-2】某工业污水处理厂,2018年4月出水口自动监测数据如表3-3所示。

表3-3

项目	1日	2日	3日	4日	5日	6日	7日	8日	9日	10日	11日	12日	13日	14日	15日
色度	23.10	23.40	23.70	24.00	24.30	24.60	24.90	24.30	23.70	23.10	22.50	21.90	21.30	20.70	20.10
化学需氧量	53.20	52.20	51.20	50.20	49.20	48.20	49.30	50.40	51.50	52.60	53.70	54.80	56.60	58.40	60.20
氨氮	7.10	7.00	6.90	6.80	6.70	6.60	6.50	6.40	6.30	6.20	6.10	6.70	7.30	7.90	8.50

项目	16日	17日	18日	19日	20日	21日	22日	23日	24日	25日	26日	27日	28日	29日	30日	标准
色度	21.90	23.70	22.70	21.70	20.70	19.70	18.70	18.00	17.30	16.60	15.90	15.20	14.50	13.80	13.10	≤30
化学需氧量	45.70	48.70	51.70	54.70	39.70	39.80	39.90	40.00	40.10	40.20	40.30	41.00	41.70	42.40	43.10	≤60
氨氮	9.10	8.50	7.90	7.30	6.70	6.10	5.50	4.90	4.30	5.60	6.90	8.20	9.50	10.80	12.10	≤15

则:

1. 化学需氧量15日监测数据超过国家或地方标准,则其在该月不能享受减征环境保护税的税收优惠。

2. 色度和氨氮的月平均浓度分别为:68.78%、48.09%,根据《环境保护税法》第十三条规定,可以分别享受减按75%、50%的税收优惠。

第四章

征收管理

【职责分工】

第十四条　环境保护税由税务机关依照《中华人民共和国税收征收管理法》和本法的有关规定征收管理。

环境保护主管部门依照本法和有关环境保护法律法规的规定负责对污染物的监测管理。

县级以上地方人民政府应当建立税务机关、环境保护主管部门和其他相关单位分工协作工作机制，加强环境保护税征收管理，保障税款及时足额入库。

解析：

一、税务机关负责征收

开征环境保护税是落实党的十八届三中、四中全会提出的"推动环境保护费改税""用严格的法律制度保护生态环境"要求的重要举措，对于"清费立税"、促进企业强化环保具有重要作用。税务机关征收环境保护税是《税收征收管理法》的明确职责，也有利于税款"应收尽收"，做到税款足额、及时入库。

此前，对企业排污费谎报瞒报、拒不缴纳等情况，《排污费征收使用管理条例》仅规定了3倍以下的罚款、责令停产停业整顿等措施，在实际执行中威慑力明显不足。现在"费改税"后，如果认定企业偷税，税务机关将追缴企业不缴或者少缴的税款和滞纳金，并处相应税款50%以上5倍以下罚款,构成犯罪的,还会被追究刑事责任。执法刚性的增加,也有利于进一步落实"污染者付费"原则。

二、环境保护主管部门负责监测管理

《环境保护法》第十七条规定,国家建立、健全环境监测制度。国务院环境保护主管部门制定监测规范,会同有关部门组织监测网络,统一规划国家环境质量监测站(点)的设置,建立监测数据共享机制,加强对环境监测的管理。对环境监测进行行政管理,是环境保护部门的法定职责。

排污费改环保税后,征收部门由环保部门改为税务机关,由于环境监测具有相当的专业性,对于税务部门是一个巨大的挑战。且环境保护税以污染物为征税对象,无法直接查账征税,与其他税种有着重大差异。污染物排放具有瞬时性、隐蔽性、流动性的特点,征收环境保护税对污染物排放监测的专业技术要求较高,离不开环境保护主管部门的配合。

三、地方人民政府领导、协调职责

落实《环境保护税法》,主要靠税务机关和环境保护主管部门,也离不开财政部门,甚至水利部门等相关政府部门及全社会人民群众的支持和配合。这些工作的领导、协调工作,非地方人民政府莫属。明确地方人民政府对环境保护税的协调责任,也是有利于落实地方政府环境主体责任,强化对环境保护的执行能力。

所以,《环境保护税法实施条例》进一步明确,县级以上地方人民政府应当加强对环境保护税征收管理工作的领导,及时协调、解决环境保护税征收管理工作中的重大问题。

四、《环境保护税法实施条例》的进一步规定

《环境保护税法实施条例》第二十四条规定,税务机关依法实施环境保护税的税务检查,环境保护主管部门予以配合。即环境保护税的执法检

查,由税务机关负责,环境保护主管部门仅负责配合。未来环境保护税的稽查工作,仍由税务机关负主要责任。

【涉税信息共享平台和工作配合机制】

第十五条 环境保护主管部门和税务机关应当建立涉税信息共享平台和工作配合机制。

环境保护主管部门应当将排污单位的排污许可、污染物排放数据、环境违法和受行政处罚情况等环境保护相关信息,定期交送税务机关。

税务机关应当将纳税人的纳税申报、税款入库、减免税额、欠缴税款以及风险疑点等环境保护税涉税信息,定期交送环境保护主管部门。

解析:

一、涉税信息共享平台

(一)共享平台技术标准及相关规范

《环境保护税法实施条例》规定,国务院税务、环境保护主管部门制定涉税信息共享平台技术标准以及数据采集、存储、传输、查询和使用规范。

(二)共享平台交流的信息

搭建环境保护税信息共享平台,现阶段主要集中在省级环境保护主管部门和税务机关。

通过该平台,环境保护主管部门向税务机关交送在环境保护监督管理中获取的下列信息:(1)排污单位的名称、统一社会信用代码以及污染物排放口、排放污染物种类等基本信息;(2)排污单位的污染物排放数据(包括污染物排放量以及大气污染物、水污染物的浓度值等数据);(3)排污单位环境违法和受行政处罚情况;(4)对税务机关提请复核的纳税人的纳税申报数据资料异常或者纳税人未按照规定期限办理纳税申报的复核意见;(5)与税务机关商定交送的其他信息。

税务机关向环境保护主管部门交送下列环境保护税涉税信息：（1）纳税人基本信息；（2）纳税申报信息；（3）税款入库、减免税额、欠缴税款以及风险疑点等信息；（4）纳税人涉税违法和受行政处罚情况；（5）纳税人的纳税申报数据资料异常或者纳税人未按照规定期限办理纳税申报的信息；（6）与环境保护主管部门商定交送的其他信息。

二、工作配合机制

为切实做好环境保护税征收管理工作，国家税务总局、环境保护部签署了《环境保护税征管协作机制备忘录》，以进一步强化部门合作，明确职责分工。此协作机制重点包括两部分：

（一）环境保护税征管准备工作关键事项

包括发布环境保护税征管技术规范，制定落实减免税政策的操作性文件，设计"环境保护税纳税申报表"等表证单书，开发建设税收核心征管系统和涉税信息共享平台，指导地方做好征前准备和档案资料交接，共同组织开展税法宣传、业务培训和纳税辅导，协调落实环境保护税征管协作的其他任务事项。

（二）《环境保护税法》实施过程中的关键事项

包括计划制定、成果共享、对外宣传、支持保障等事项，提出了具体要求和处理方法。

【纳税义务发生时间】

第十六条　纳税义务发生时间为纳税人排放应税污染物的当日。

解析：

一、此处的"排放"应为"直接向环境排放"

"排放"可以分为"直接向环境排放"和"间接向环境排放"，后者如：

向依法设立的污水集中处理、生活垃圾集中处理场所排放应税污染物的。如果纳税人间接向环境排放应税污染物，根据《环境保护税法》第二条规定，属于"不属于直接向环境排放污染物，不缴纳相应污染物的环境保护税"。既然"不缴纳相应污染物的环境保护税"，那么，规定其纳税义务就无从谈起，也无实际意义。所以，此处的"排放"应理解为"直接向环境排放"。

二、排放应税污染物的当日

排放污染物具有瞬时性、隐蔽性、流动性的特点，所以，此处规定排放应税污染物的当日即发生纳税义务。

【纳税申报地点】

第十七条 纳税人应当向应税污染物排放地的税务机关申报缴纳环境保护税。

解析：

一、何为"应税污染物排放地"

《环境保护税法实施条例》规定，应税污染物排放地是指：（1）应税大气污染物、水污染物排放口所在地；（2）应税固体废物产生地；（3）应税噪声产生地。即如果产生应税大气污染物、水污染排放，向排放口所在地税务机关申报缴纳环境保护税；如果产生应税固体废物和噪声排放，向产生地的税务机关申报缴纳环境保护税。

二、会产生什么问题

（一）可能异地申报缴纳环境保护税

【例4-1】某纳税人生产经营地在北京市丰台区，而水污染物排放口位于北京市房山区。

根据上述法条规定，该纳税人需要在房山区主管地方税务局申报缴纳该排放口应缴纳的环境保护税。

(二) 可能多地申报缴纳环境保护税

【例 4-2】某纳税人有水污染物和大气污染物排放口各一个，水污染物排放口位于该市 A 区；大气污染物排放口位于该市 B 区；企业生产主要在该市 C 区（噪声、固体废物产生在 C 区）。

根据上述法条规定，该纳税人需要在 A 区主管税务局申报水污染物的应纳环境保护税；在 B 区主管税务局申报大气污染物的应纳环境保护税；在 C 区主管税务局申报噪声、固体废物的应纳环境保护税。

(三) 可能存在环境保护税与其他税种的申报地点差异

若纳税人在生产经营地外排放应税大气、水污染物或产生噪声、固体废物，就存在在生产经营地外申报缴纳环境保护税的情形。与其他税种主要在生产经营地申报缴纳，形成较大差异。

三、解决之"道"

《环境保护税法实施条例》规定，纳税人跨区域排放应税污染物，税务机关对税收征收管辖有争议的，由争议各方按照有利于征收管理的原则协商解决；不能协商一致的，报请共同的上级税务机关决定。这是解决这类问题的通常路径，也是税法的明确规定。

【纳税期限】

第十八条 环境保护税按月计算，按季申报缴纳。不能按固定期限计算缴纳的，可以按次申报缴纳。

纳税人申报缴纳时，应当向税务机关报送所排放应税污染物的种类、数量，大气污染物、水污染物的浓度值，以及税务机关根据实际需要要求纳税人报送的其他纳税资料。

解析：

一、纳税期限

环境保护税的纳税期限有两种：（1）按季申报；（2）按次申报。前者为"常态"，后者为例外，是不能在固定期限（季度）计算缴纳时，才按次申报缴纳。

注意：按季申报时，不是将季度的总数进行申报，而是要分月份计算。具体申报时，分月将排放的各种应税污染物分别填报。

二、申报资料

申报缴纳时，应当向税务机关（分月或分次）报送如下信息：

1. 应税污染物的种类、数量。这是所有纳税人都需要报送的数据。

2. 大气污染物、水污染物的浓度值。如果达到《环境保护税法》第十三条规定的低浓度排放税收优惠条件，且申报享受该优惠待遇的，需要报送大气污染物、水污染物的浓度值。

3. 税务机关根据实际需要要求纳税人报送的其他纳税资料。

【申报期限】

第十九条　纳税人按季申报缴纳的，应当自季度终了之日起十五日内，向税务机关办理纳税申报并缴纳税款。纳税人按次申报缴纳的，应当自纳税义务发生之日起十五日内，向税务机关办理纳税申报并缴纳税款。

纳税人应当依法如实办理纳税申报，对申报的真实性和完整性承担责任。

解析：

一、十五日内

和其他税种一样,都是在十五日内进行纳税申报并缴纳税款。根据纳税期限不同,可分为:

(1) 按季申报缴纳的,应当自季度终了之日起十五日内。

(2) 按次申报缴纳的,应当自纳税义务发生之日起十五日内。

二、纳税申报责任

纳税人应当依法如实办理纳税申报,对申报的真实性和完整性承担责任。

此前的排污费,都是由环境保护行政主管部门,按照国务院环境保护行政主管部门规定的核定权限对排污者排放污染物的种类、数量进行核定,并据此征收排污费。排污"费改税"后,环境保护税的纳税申报责任在企业。确定计税依据和应纳税额的准确性、全面性,责任均"转移"到纳税人。和其他税种一样,纳税人:(1)应当依法如实办理纳税申报;(2)对申报的真实性和完整性承担责任。

如果虚假申报或经税务机关通知申报而拒不申报,则构成《税收征收管理法》规定的"偷税"。对纳税人偷税的,由税务机关追缴其不缴或者少缴的税款、滞纳金,并处不缴或者少缴的税款百分之五十以上五倍以下的罚款。构成犯罪的,依法追究刑事责任。

三、提示:环境保护部门取消自动监测数据有效性审核

2018年1月生态环境部发布了《关于废止部分规范性文件的公告》(环境保护部公告2017年第57号),废止了《关于印发〈国家监控企业污染源自动监测数据有效性审核办法〉和〈国家重点监控企业污染源自动监测设备监督考核规程〉的通知》(环发〔2009〕88号)等21部规范性文

件。即 2018 年起，环境保护部门不再对企业污染源自动监测数据有效性进行审核，会以加强对相关排污企业的监督性监测与测管联动等形式，督促企业按照要求自行开展自动监测的手工比对，使企业切实担负起自行监测数据质量主体责任。

根据《中共中央办公厅 国务院办公厅关于深化环境监测改革 提高环境监测数据质量的意见》（厅字〔2017〕35 号）明确，环境监测机构及其负责人对其监测数据的真实性和准确性负责。采样与分析人员、审核与授权签字人分别对原始监测数据、监测报告的真实性终身负责。研究建立排污单位环境监测数据真实性自我举证制度。

未来，企业准确、全面、真实申报环境保护税，责任重大！

四、证明责任

《环境保护税法实施条例》第二十五条规定，纳税人应当按照税收征收管理的有关规定，妥善保管应税污染物监测和管理的有关资料。

计算申报环境保护税准确、全面与否，关键在于污染物排放量或分贝数计算能否真实、准确。根据《环境保护法》相关规定，这些数据基本在纳税人处。所以需要规定纳税人妥善保管应税污染物监测和管理的有关资料的责任。另外，依法准确、全面申报纳税是纳税人的法定职责，纳税人也需要对自己计算申报的基础数据负责。这也是对现有《税收征收管理法》相关规定的进一步落实。

【数据比对及复核程序】

第二十条 税务机关应当将纳税人的纳税申报数据资料与环境保护主管部门交送的相关数据资料进行比对。

税务机关发现纳税人的纳税申报数据资料异常或者纳税人未按照规定期限办理纳税申报的，可以提请环境保护主管部门进行复核，环境保护主管部门应当自收到税务机关的数据资料之日起十五日内向税务机关出具复核意见。税务机关应当按照环境保护主管部门复核的数据资料调整纳税人的应纳税额。

解析：

一、何为"纳税人的纳税申报数据资料异常"

《环境保护税法实施条例》第二十二条规定，《环境保护税法》第二十条第二款所称纳税人的纳税申报数据资料异常，包括但不限于下列情形：

1. 纳税人当期申报的应税污染物排放量与上一年同期相比明显偏低，且无正当理由；

2. 纳税人单位产品污染物排放量与同类型纳税人相比明显偏低，且无正当理由。

注意：只有纳税申报数据资料异常和未按照规定期限办理纳税申报，才可以提请生态环境主管部门进行复核。

二、何为"纳税人未按照规定期限办理纳税申报"

如前所述，根据《环境保护税法》，分两种情况：

（一）按季申报缴纳的

应当自季度终了之日起十五日内，未向税务机关办理纳税申报并缴纳税款。

（二）按次申报缴纳的

应当自纳税义务发生之日起十五日内，未向税务机关办理纳税申报并缴纳税款。

三、是"可以提请"不是"必须提请"

可以提请，也可以不提请！

四、环境保护主管部门通过什么渠道收到税务机关的数据资料

税务机关通过"金税三期"中环境保护税"核心征管"模块制作"提请"文书，通过"外部数据交换"模块发送和接收相关文书。

五、环境保护部门的复核程序

主要通过现场检查、监督性检测等手段，对纳税人的排放情况进行核实，且必须在收到税务机关的数据资料之日起十五日内向税务机关出具复核意见。

六、对纳税人权利的保护及执法风险

本条法规规定，税务机关应当按照环境保护主管部门复核的数据资料调整纳税人的应纳税额。

（一）直接规定税务机关以此"复核结论"为征税依据，保障税款及时入库的同时，是否需要保障纳税人的一定即时权益，或许值得思考。

（二）如果纳税人对此复核结果不认可，进而对应纳税额不认可，提起税务行政复议或行政诉讼。如何保障其"诉权"顺利实现？也值得我们思考。

【核定环境保护税】

第二十一条 依照本法第十条第四项的规定核定计算污染物排放量的，由税务机关会同环境保护主管部门核定污染物排放种类、数量和应纳税额。

解析：

《财政部 税务总局 环境保护部关于全面做好环境保护税法实施准备工作的通知》（财税（2017）62号）要求，省级环境保护部门应结合本地实际情况制定应税污染物排放量抽样测算方法，省级税务部门要制定核定征收的具体办法。

一、省级环境保护主管部门制定核定办法（抽样测算）

这是《环境保护税法》第十条第四项的直接规定。各地省级环境保护部门相继公布了本地的应税污染物的抽样测算方法。如：四川省环境保护厅公布《四川省环境保护税应税污染物排放量抽样测算方法（试行）》等。

二、省级税务部门制定核定征收的具体办法

现在看来，省级税务部门更多的是和环境保护部门联合发布环境保护税的核定征收管理办法（包括抽样测算方法）。如：海南省地方税务局、海南省生态环境保护厅于2017年12月7日发布《海南省环境保护税核定征收管理办法（试行）》；甘肃省地方税务局、甘肃省环境保护厅于2018年1月31日发布《甘肃省环境保护税核定征收管理办法》。

【海洋工程环境保护税征收管理】

第二十二条 纳税人从事海洋工程向中华人民共和国管辖海域排放应税大气污染物、水污染物或者固体废物，申报缴纳环境保护税的具体办法，由国务院税务主管部门会同国务院海洋主管部门规定。

解析：

鉴于海洋工程作业排污的特殊性，2017年12月27日，国家税务总局、国家海洋局发布了《海洋工程环境保护税申报征收办法》（国家税务总局公告2017年第50号，以下简称"国家税务总局公告2017年第50号文"），主要内容如下。

一、征税范围

中华人民共和国内水、领海、毗连区、专属经济区、大陆架以及中华人民共和国管辖的其他海域。

二、应税行为

从事海洋石油、天然气勘探开发生产等作业活动，并向海洋环境排放应税污染物。

三、为何不对海洋工程征收"噪声"的环境保护税

海洋工程环境保护税征税对象仅包括大气污染物、水污染物、固体废物，不包括噪声。原因在于：海洋工程施工及生产过程中的"噪声"不构成环境保护角度的"噪声"。《环境噪声污染防治法》规定，环境噪声是指在工业生产、建筑施工、交通运输和社会生活中所产生的干扰周围生活环境的声音。海洋工程作业产生的"噪声"，不会干扰周围生活环境，所以不需要，也不能对此征税。

四、"生活垃圾"是"其他固体废物"

国家税务总局公告2017年第50号文规定，生活垃圾按照环境保护税法"其他固体废物"税额标准执行。这是对《环境保护税法》附表一"环境保护税税目税额表"中"固体废物"之"其他固体废物"的一次明确，即生活垃圾是《环境保护税法》规定的其他固体废物中的一种。因为《环境保护税法实施条例》第二条规定，其他固体废物的具体范围由、自治区、直辖市人民政府提出，报同级人民代表大会常务委员会决定，并报全国人民代表大会常务委员会和国务院备案。

海洋工程作业产生的主要固体废物即为生活垃圾。

五、征收机关

海洋工程环境保护税由纳税人所属海洋石油税务（收）管理分局负责征收。纳税人同属两个海洋石油税务（收）管理分局管理的，由国家税务总局确定征收机关。

【法律责任】

第二十三条　纳税人和税务机关、环境保护主管部门及其工作人员违反本法规定的,依照《中华人民共和国税收征收管理法》、《中华人民共和国环境保护法》和有关法律法规的规定追究法律责任。

解析:

一、责任主体

纳税人和税务机关、环境保护主管部门及其工作人员。

二、法律依据

《税收征收管理法》《环境保护法》《刑法》等。

【资金和政策支持】

第二十四条　各级人民政府应当鼓励纳税人加大环境保护建设投入,对纳税人用于污染物自动监测设备的投资予以资金和政策支持。

解析:

一、鼓励纳税人加大环境保护建设投入

《环境保护税法》依据污染物排放量对排污者征税,"多排者多缴税、少排者少缴税",污染物排放者为少缴税,会加大环境保护设备及技术的投入。各级人民政府应当鼓励纳税人加大环境保护建设投入,减少污染物排放,建设生态文明。

二、对纳税人用于污染物自动监测设备的投资予以资金和政策支持

(一)污染物自动监测设备资金投入较大

仅就常见的几种污染物而言,若购买相应的自动监测设备大致需要分

别投入资金：

1. 化学需氧量：5 万元左右；

2. 生化需氧量：5 万元左右；

3. 氨氮：3—6 万元；

4. 氮氧化物：3—5 万元；

5. 扬尘及噪声：1 万元左右。

对于中小微利企业来说，这些资产的购置是不小的负担。

（二）为鼓励和帮助纳税人购置污染物自动监测设备，规定地方人民政府对此给予资金和政策支持是必要的

【污染当量、排污系数、物料衡算】

第二十五条　本法下列用语的含义：

（一）污染当量，是指根据污染物或者污染排放活动对环境的有害程度以及处理的技术经济性，衡量不同污染物对环境污染的综合性指标或者计量单位。同一介质相同污染当量的不同污染物，其污染程度基本相当。

（二）排污系数，是指在正常技术经济和管理条件下，生产单位产品所应排放的污染物量的统计平均值。

（三）物料衡算，是指根据物质质量守恒原理对生产过程中使用的原料、生产的产品和产生的废物等进行测算的一种方法。

解析：

上述概念已经在前面的相关条文中做了解析，在此不作赘述。

【环境损害责任】

第二十六条　直接向环境排放应税污染物的企业事业单位和其他生产

经营者，除依照本法规定缴纳环境保护税外，应当对所造成的损害依法承担责任。

解析：

征收环境保护税，并不是对纳税人的环境损害法律责任的"豁免"！纳税人直接向环境排放应税污染物，若对环境造成损害，仍需依法对此承担责任。具体有哪些法律责任？例如：

1. 超标准或者超总量控制指标排放污染物。

《环境保护法》第六十条规定，企业事业单位和其他生产经营者超过污染物排放标准或者超过重点污染物排放总量控制指标排放污染物的，县级以上人民政府环境保护主管部门可以责令其采取限制生产、停产整治等措施；情节严重的，报经有批准权的人民政府批准，责令停业、关闭。

2. 侵权责任。

《民法典》第一千二百二十九条规定，因污染环境、破坏生态造成他人损害的，侵权人应当承担侵权责任。

【不再征收排污费】

第二十七条 自本法施行之日起，依照本法规定征收环境保护税，不再征收排污费。

解析：

《环境保护税法》是落实党中央、国务院的相关文件精神，"费改税"平移排污费制度而来，《环境保护税法》实施后，排污费就不应当再征收了。为此，《环境保护税法》做了此规定。

2018 年 1 月 7 日财政部、国家发展改革委、生态环境部、国家海洋局联合发布《关于停征排污费等行政事业性收费有关事项的通知》（财税〔2018〕4 号）规定，自 2018 年 1 月 1 日起，在全国范围内统一停征排污费和海洋工程污水排污费。其中，排污费包括：污水排污费、废气排污费、固体废物及危险废物排污费、噪声超标排污费和挥发性有机物排污收费；海洋工程污水排污费包括：生产污水与机舱污水排污费、钻井泥浆与钻屑排污费、生活污水排污费和生活垃圾排污费。

其实，早在 2014 年 4 月 24 日《环境保护法》修订时，就已明确："依照法律规定征收环境保护税的，不再征收排污费。"

【施行时间】

第二十八条　本法自 2018 年 1 月 1 日起施行。

解析：

《环境保护税法》由中华人民共和国第十二届全国人民代表大会常务委员会第二十五次会议于 2016 年 12 月 25 日通过，规定自 2018 年 1 月 1 日起施行。主要原因如下：

一、贯彻《立法法》的要求

《立法法》第五十七条规定，法律应当明确规定施行日期。

二、为法律宣传及执行法律预留时间

《环境保护税法》虽然是"平移"排污费相关政策规定，但上升为税收法律后，较此前也有不少差异。包括申报征收程序、征收部门、纳税申报期限、法律责任等，都有较大不同。为适应这些差异，顺利实现"税费制度切换"，必须进行颁布实施条例、学习宣传税法、建设征管制度、安排征管人员、再造企业流程等多方面的准备工作，这些都需要大量时间。为此，规定了一年后施行。

第五章 几个特殊问题

一、关于污水集中处理场所

（一）相关法规

1.《环境保护税法》的规定

（1）向依法设立的污水集中处理场所排放应税污染物，不属于直接向环境排放污染物，不缴纳相应污染物的环境保护税（属于间接向环境排放污染物）。

（2）依法设立的城乡污水集中处理场所排放相应应税污染物，不超过国家和地方规定的排放标准的，暂免征收环境保护税。

（3）依法设立的城乡污水集中处理场所超过国家和地方规定的排放标准向环境排放应税污染物的，应当缴纳环境保护税。

2.《环境保护税法实施条例》的规定

城乡污水集中处理场所是指为社会公众提供生活污水处理服务的场所，不包括为工业园区、开发区等工业聚集区域内的企业事业单位和其他生产经营者提供污水处理服务的场所，以及企业事业单位和其他生产经营者自建自用的污水处理场所。

（二）总结

1. 污水处理场所关系图（如图5-1所示）

2. 污水处理征免关系图（如图5-2所示）

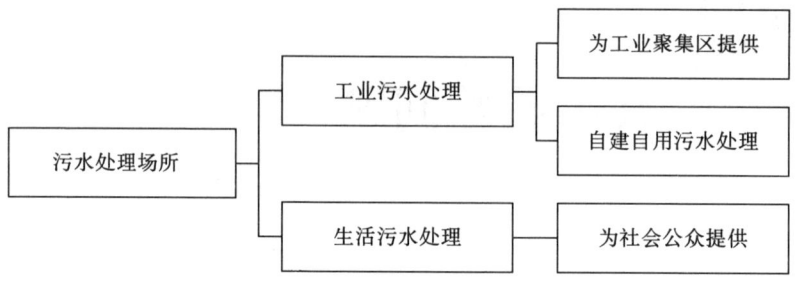

图 5-1 污水处理场所关系图

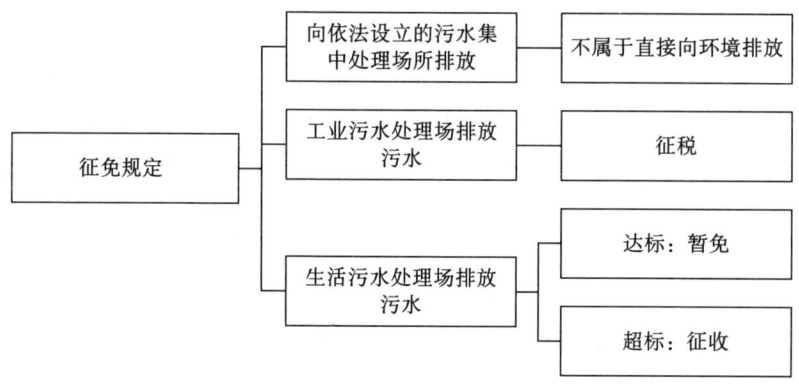

图 5-2 污水处理征免关系图

3. 待明确的问题

污水处理厂处理企业厂区内员工宿舍排放的生活污水,是否可按照"为社会公众提供生活污水处理服务"免征该部分的环境保护税?

二、关于固体废物处置、贮存、综合利用

(一)相关法规

1.《环境保护税法》的规定

(1)在符合国家和地方环境保护标准的设施、场所贮存或者处置固体废物,不属于直接向环境排放污染物,不缴纳相应污染物的环境保护税。

(2)综合利用的固体废物,符合国家和地方环境保护标准的,暂免征收环境保护税。

2. 《环境保护税法实施条例》的规定

依法对畜禽养殖废弃物进行综合利用和无害化处理的，不属于直接向环境排放污染物，不缴纳环境保护税。

（二）总结

1. 不属于直接向环境排放（如图 5-3 所示）

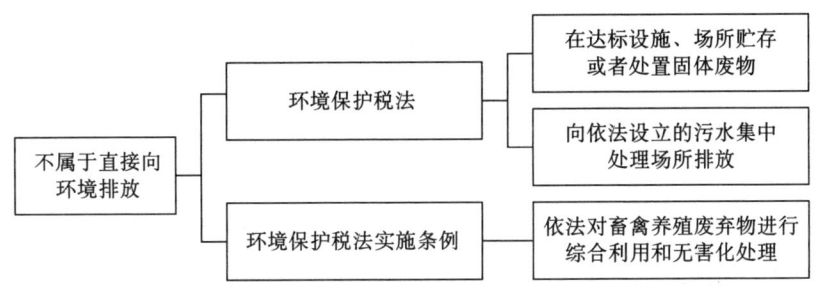

图 5-3 不属于直接向环境排放的情形

2. 综合利用固体废物免税的条件

（1）国家发展和改革委员会、工业和信息化部等主管部门关于资源综合利用要求；

（2）国家和地方环境保护标准。

三、关于畜禽养殖场

（一）相关法规

1. 《环境保护税法》的规定

农业生产（不包括规模化养殖）排放应税污染物的，暂免征收环境保护税。

2. 《环境保护税法实施条例》的规定

（1）达到省级人民政府确定的规模标准并且有污染物排放口的畜禽养殖场，应当依法缴纳环境保护税。

(2) 依法对畜禽养殖废弃物进行综合利用和无害化处理的，不属于直接向环境排放污染物，不缴纳环境保护税。

（二）总结

1. 逻辑关系图（如图 5-4 所示）

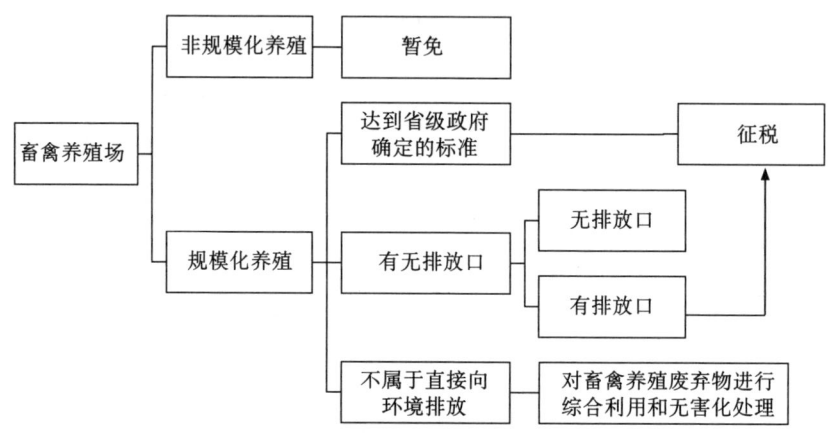

图 5-4 畜牧养殖场征免关系图

2. 何为"畜禽养殖废弃物进行综合利用和无害化处理"

（1）综合利用。

根据《畜禽规模养殖污染防治条例》（国务院令第 643 号）第十五条规定，对畜禽养殖废弃物进行综合利用，包括粪肥还田、制取沼气、制造有机肥等。

（2）无害化处理。

根据《畜禽规模养殖污染防治条例》（国务院令第 643 号）第二十一条规定，无害化处理应为：染疫畜禽以及染疫畜禽排泄物、染疫畜禽产品、病死或者死因不明的畜禽尸体等病害畜禽养殖废弃物，应当按照有关法律、法规和国务院农牧主管部门的规定，进行深埋、化制、焚烧处置。

另外，提请注意：畜禽养殖场依法应当定期将畜禽养殖品种、规模以及畜禽养殖废弃物的产生、排放和综合利用等情况，报县级人民政府环境保护主管部门备案。环境保护主管部门定期将备案情况抄送同级农牧主管部门。县级以上人民政府环境保护主管部门对畜禽养殖污染防治情况依法进行监督检查,并加强对畜禽养殖环境污染的监测。

四、关于《环境保护税法》附表二之备注

《环境保护税法》附表二为"应税污染物和当量值表",列举了应税的大气和水污染物名称及污染当量值。部分应税污染物后附有备注内容,需要特别关注。

(一)只征收一项

1. 同一排放口中的化学需氧量、生化需氧量和总有机碳,只征收一项。

【例5-1】某排放口排放化学需氧量35千克、生化需氧量23千克、总有机碳45千克、悬浮物80千克,则仅征收一项污染物的环境保护税。征收哪一项?

在国家税务总局明确前,笔者认为应征收污染当量数最大的一项。即具体到本例,各个污染物的污染当量数分别为:

化学需氧量污染当量数 = 35千克/1千克 = 35

生化需氧量污染当量数 = 23千克/0.5千克 = 46

总有机碳污染当量数 = 45千克/0.49千克 = 91.84

悬浮物污染当量数 = 80千克/4千克 = 20

则只对总有机碳、悬浮物征收环境保护税。

2. 大肠杆菌数和余氯量,只征收一项。

【例5-2】某医院排放的污染物数据如下:大肠杆菌群(超标)99吨、余氯量132吨、色度(超标4倍)200吨,则:

大肠杆菌群污染当量数 = 99吨/3.3吨 = 30

余氯量污染当量数 = 132 吨/3.3 吨 = 40

色度 = 200 吨 × 4 倍/5 吨·倍 = 160

则对色度、余氯量征收环境保护税。

(二) pH 值、色度污染当量值

《环境保护税法》附表二之三 pH 值、色度、大肠菌群数、余氧量水污染物污染的规定（如表 5-1 所示）。

表 5-1　pH 值、色度、大肠菌群数、余氧量水污染物污染的规定

污染物		污染当量值	备注
pH 值	1.0-1, 13-14 2.1-2, 12-13 3.2-3, 11-12 4.3-4, 10-11 5.4-5, 9-10 6.5-6	0.06 吨污水 0.125 吨污水 0.25 吨污水 0.5 吨污水 1 吨污水 5 吨污水	pH5-6 指大于等于 5，小于 6； pH9-10 指大于 9，小于等于 10，其余类推
色度		5 吨水·倍	

1. pH 值

(1) 定义。

pH 即氢离子浓度指数 (hydrogen ion concentration)，是指溶液中氢离子的总数和总物质的量的比。pH 由丹麦生物化学家 SorenPeterLauritzSorensen 于 1909 年提出。P 来自德语 Potenz，意思是浓度、力量，H (hydrogenion) 代表氢离子。

通常 pH 值是一个介于 0 和 14 之间的数（浓硫酸 pH 约为 -2）。在 25℃ 的温度下，当 pH < 7 的时候，溶液呈酸性；当 pH > 7 的时候，溶液呈碱性，当 pH = 7 的时候，溶液呈中性。

(2) 计算。

计算 pH 值的污染当量数时，根据 pH 值大小确定其适用的污染当量值。

pH 值大于等于 0 小于 1 或大于等于 13 小于 14 时,污染当量值为:0.06 吨污水;

pH 值大于等于 1 小于 2 或大于等于 12 小于 13 时,污染当量值为:0.125 吨污水;

pH 值大于等于 2 小于 3 或大于等于 11 小于 12 时,污染当量值为:0.25 吨污水;

pH 值大于等于 3 小于 4 或大于等于 10 小于 11 时,污染当量值为:0.5 吨污水;

pH 值大于等于 4 小于 5 或大于等于 9 小于 10 时,污染当量值为:1 吨污水;

pH 值大于等于 5 小于 6 时,污染当量值为:5 吨水。

【例 5 - 3】 若某企业排放污水 100 吨,pH 值为 10.5,则污染当量数 = 100 吨水/0.5 吨水 = 200

(3)思考。

若 pH 值大于等于 6 小于 9,该污水是否达标?

2. 色度

(1)概念。

大家知道,颜色是由亮度和色度共同表示的,色度是不包括亮度在内的颜色的性质,它反映的是颜色的色调和饱和度。

具体到水质色度是对天然水或处理后的各种水进行颜色定量测定时的指标。天然水经常显示出浅黄、浅褐、黄绿等不同颜色。产生颜色的原因是由于溶于水的腐殖质、有机物或无机物质造成的。当水体受到工业废水的污染时也会呈现不同的颜色。这些颜色分为真色和表色,真色是由于水中溶解性物质引起的,也就是除去水中悬浮物后的颜色,而表色是没有除去水中悬浮物时产生的颜色。这些颜色的定量程度就是色度。

（2）色度的测定。

根据国家环境保护部公布的《水质色度的测定》（GB 119023-89）标准，测定色度的方法有两种：铂钴标准比色法和稀释倍数法。前者适用于污染较轻的污水，后者适用于污染较重的污水。

铂钴标准比色法：用氯铂酸钾（K_2PtCl_6）和氯化钴（$CoCl_2 \cdot 6H_2O$）配制成测色度的标准溶液，与被测样品进行目测比较，以测定样品的颜色强度。

稀释倍数法：将样品用光学纯水稀释至用目视比较与光学纯水比较刚好看不见颜色时的系数倍数作为表达颜色的强度，单位为倍。

【例5-4】某污水处理厂排放污水1000吨，色度为150度，色度标准为50度，则：

色度超标倍数为 = 实测色度/标准色度 - 1 = 2倍

污染当量数 = 1000吨水 × 2倍/5吨水·倍 = 400

（三）医院水污染物污染当量值

《环境保护税法》附表二之四备注中规定，医院病床数大于20张的按照本表（如图5-5所示）计算污染当量数。

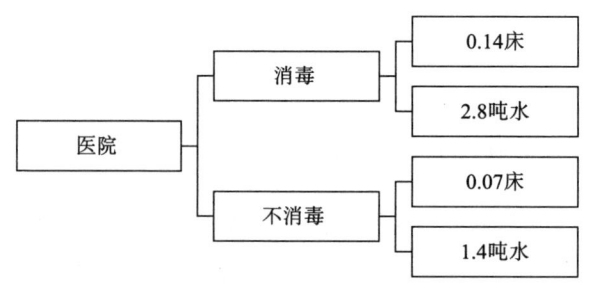

图5-5 医院水污染物污染当量值分类图

1. 适用范围

适用于无法进行实际监测或物料衡算且病床数大于20张的医院计算

水污染物的污染当量数。

2. 消毒与否

根据卫生部门及环境保护部门相关要求，医院的污水需要消毒处理后方可排放。如果医院对产生的污水做了消毒即排放，则适用较高的污染当量值；如果医院对产生的污水未做消毒即排放，则适用较低的污染当量值。

3. 是否知道污水排放量

若医院对污水排放量有监测数据，则污染当量数等于排放量除以 2.8 吨污水（或 1.4 吨污水）；若医院对污水排放量无监测数据，则污染当量数等于病床数除以 0.14 床（或 0.07 床）。

五、关于排污许可证

（一）法律法规规定

1. 《环境保护法》第四十五条

国家依照法律规定实行排污许可管理制度。

实行排污许可管理的企业事业单位和其他生产经营者应当按照排污许可证的要求排放污染物；未取得排污许可证的，不得排放污染物。

2. 《大气污染防治法》第十九条

排放工业废气或者本法第七十八条规定名录中所列有毒有害大气污染物的企业事业单位、集中供热设施的燃煤热源生产运营单位以及其他依法实行排污许可管理的单位，应当取得排污许可证。排污许可的具体办法和实施步骤由国务院规定。

3. 《水污染防治法》第二十一条

直接或者间接向水体排放工业废水和医疗污水以及其他按照规定应当取得排污许可证方可排放的废水、污水的企业事业单位和其他生产经营者,应当取得排污许可证;城镇污水集中处理设施的运营单位,也应当取得排污许可证。排污许可证应当明确排放水污染物的种类、浓度、总量和排放去向等要求。排污许可的具体办法由国务院规定。

禁止企业事业单位和其他生产经营者无排污许可证或者违反排污许可证的规定向水体排放前款规定的废水、污水。

4. 《排污许可证管理暂行规定》(环水体〔2016〕186号)第四条

下列排污单位应当实行排污许可管理:

(1)排放工业废气或者排放国家规定的有毒有害大气污染物的企业事业单位。

(2)集中供热设施的燃煤热源生产运营单位。

(3)直接或间接向水体排放工业废水和医疗污水的企业事业单位。

(4)城镇或工业污水集中处理设施的运营单位。

(5)依法应当实行排污许可管理的其他排污单位。

环境保护部按行业制订并公布排污许可分类管理名录,分批分步骤推进排污许可证管理。排污单位应当在名录规定的时限内持证排污,禁止无证排污或不按证排污。

5. 固定污染源排污许可分类管理名录(2019年版,2019年12月20日生态环境部令第11号公布,自公布之日起施行)

第二条规定,对污染物产生量、排放量或者对环境的影响程度较大的排污单位,实行排污许可重点管理;对污染物产生量、排放量和对环境的影响程度较小的排污单位,实行排污许可简化管理。对污染物产生量、排放量和对环境的影响程度很小的排污单位,实行排污登记管理。实行登记管理的排污单位,不需要申请取得排污许可证,应当在全国排污许可证管理信息平台填报排污登记表,登记基本信息、污染物排放去向、执行的污染物排放标准以及采取的污染防治措施等信息。所以,排污许可管理,根据污染物产生量、排放量或者对环境的影响程度大小，分为三类：排污许可重点管理类、排污许可简化管理类、排污登记管理类。

（二）总结

1. 当前，只有排放大气、水污染物，需要持有排污许可证。

2. 未来，会适时将固体废物、噪声纳入排污许可证管理范围。

根据国务院办公厅《关于印发控制污染物排放许可制实施方案的通知》（国办发〔2016〕81号）要求，推动修订固体废物污染环境防治法、环境噪声污染防治法，探索将有关污染物纳入排污许可证管理。

3. 国家分批分步骤推进排污许可证管理，2020年全国基本完成排污许可证核发。

六、规模化养殖

（一）相关法规

1. 《环境保护税法》第十二条

农业生产（不包括规模化养殖）排放应税污染物的，暂予免征环境保护税。

2. 《环境保护税法》附表二之四（部分）

禽畜养殖业、小型企业和第三产业水污染物污染当量见表5-2。

表5-2　　　　　　　　畜禽养殖场水污染物当量值

类型		污染当量值	备注
畜禽养殖场	1. 牛	0.1 头	仅对存栏规模大于50头牛、500头猪、500羽鸡鸭等的禽畜养殖场征收
	2. 猪	1 头	
	3. 鸡、鸭等家禽	30 羽	

（表5-2适用于计算无法进行实际监测或物料衡算的禽畜养殖业、小型企业和第三产业等小型排污者的水污染物污染当量数）

3. 《环境保护税法实施条例》第四条

达到省级人民政府确定的规模标准并且有污染物排放口的畜禽养殖场，应当依法缴纳环境保护税；依法对畜禽养殖废弃物进行综合利用和无害化处理的，不属于直接向环境排放污染物，不缴纳环境保护税。

4. 《畜禽规模养殖污染防治条例》第二条

本条例适用于畜禽养殖场、养殖小区的养殖污染防治。

畜禽养殖场、养殖小区的规模标准根据畜牧业发展状况和畜禽养殖污染防治要求确定。

5. 部分省份规模化养殖标准

（1）河南省。

河南省畜牧局 河南省环境保护厅关于调整畜禽养殖场规模标准的通知

各省辖市、直管县畜（农业）牧局、环保局：

为推动我省畜禽养殖污染防治工作规范化管理，结合我省畜牧业发展实际，经省政府同意，省畜牧局、省环保厅研究提出了《河南省畜禽养殖场规模标准》，对原有部分畜种规模养殖标准进行了调整，现印发你们，请参照执行。

附件：河南省畜禽养殖场规模标准

河南省畜牧局　河南省环境保护厅

2017 年 3 月 2 日

附件：河南省畜禽养殖场规模标准

生猪年出栏 500 头以上（含 500 头）、蛋鸡存栏 10000 羽以上（含 10000 羽）、肉鸡年出栏 50000 羽以上（含 50000 羽）、奶牛存栏 200 头以上（含 200 头）、肉牛年出栏 200 头以上（含 200 头）、肉羊年出栏 1000 只以上（含 1000 只）。其他畜种可根据生产特点以及猪当量进行换算。

（2）青海省。

《青海省畜禽标准化规模养殖场认定管理办法》第七条

畜禽饲养规模应当符合下列要求：

①骆驼场，骆驼常年存栏100峰以上；

②驴（马）场，能繁母驴（马）年常存栏100头（匹）以上；

③奶牛场，奶牛常年存栏100头以上；

④肉牛场，能繁母牛常年存栏100头以上；

⑤猪场，能繁母猪常年存栏100头以上；

⑥羊场，能繁母羊常年存栏300只以上；

⑦兔场，能繁母兔常年存栏500只以上；

⑧鹅（鸭）场，鹅（鸭）常年存栏2000只以上；

⑨蛋鸡场，蛋鸡常年存栏10000只以上；

⑩肉鸡场，肉鸡常年存栏10000只以上。

（二）总结

1. 对畜禽养殖征收环境保护税有以下三个条件

（1）养殖场达到规定规模。即达到省级政府规定的且不低于《环境保护税法》规定征税规模标准。

（2）有污染物排放口。对规模以下和没有排污口的养殖场及放牧，不征收环保税。

（3）有排污行为。无直接向环境排放应税污染物，则无环境保护税的纳税义务。

2. 附表二之四规定仅限计算水污染物的污染当量数

适用于计算无法进行实际监测或物料衡算的禽畜养殖业的水污染物污

染当量数。如果可以实际监测或适用物料衡算计算其水污染物的污染当量数，则不适用。对禽畜养殖场排放大气污染物、固体废物等污染物，亦不适用。

3. 禽畜养殖噪声是否需要缴纳环境保护税

《环境保护税法》规定，仅对工业噪声征税。禽畜养殖属于畜牧业，应不属于工业活动，其产生的噪声，不属于环境保护税的征税对象。

七、关于固体废物

（一）相关法规

1. 《环境保护税法》的规定

（1）第四条规定：企业事业单位和其他生产经营者在符合国家和地方环境保护标准的设施、场所贮存或者处置固体废物的，不属于直接向环境排放污染物，不缴纳相应污染物的环境保护税。

（2）第五条规定：企业事业单位和其他生产经营者贮存或者处置固体废物不符合国家和地方环境保护标准的，应当缴纳环境保护税。

（3）第十二条规定：纳税人综合利用的固体废物，符合国家和地方环境保护标准的，暂予免征环境保护税。

2. 《环境保护税法》附表一"环境保护税税目税额表"规定

固体废物包括：煤矸石、尾矿、危险废物、冶炼渣、粉煤灰、炉渣、其他固体废物（含半固体、液态废物）。

3. 《环境保护税法实施条例》的规定

（1）第二条规定：《环境保护税法》所附"环境保护税税目税额表"所称其他固体废物的具体范围，依照《环境保护税法》第六条第二款规定的程序确定。

（2）第五条规定：应税固体废物的计税依据，按照固体废物的排放量确定。固体废物的排放量为当期应税固体废物的产生量减去当期应税固体废物的贮存量、处置量、综合利用量的余额。固体废物的贮存量、处置量，是指在符合国家和地方环境保护标准的设施、场所贮存或者处置的固体废物数量；固体废物的综合利用量，是指按照国务院发展改革、工业和信息化主管部门关于资源综合利用要求以及国家和地方环境保护标准进行综合利用的固体废物数量。

（3）第六条规定：纳税人有下列情形之一的，以其当期应税固体废物的产生量作为固体废物的排放量：

①非法倾倒应税固体废物；

②进行虚假纳税申报。

4.《固体废物污染环境防治法》第八十八条规定

固体废物，是指在生产、生活和其他活动中产生的丧失原有利用价值或者虽未丧失利用价值但被抛弃或者放弃的固态、半固态和置于容器中的气态的物品、物质以及法律、行政法规规定纳入固体废物管理的物品、物质。

（二）总结

1. 固体废物种类结构图（见图 5-6）

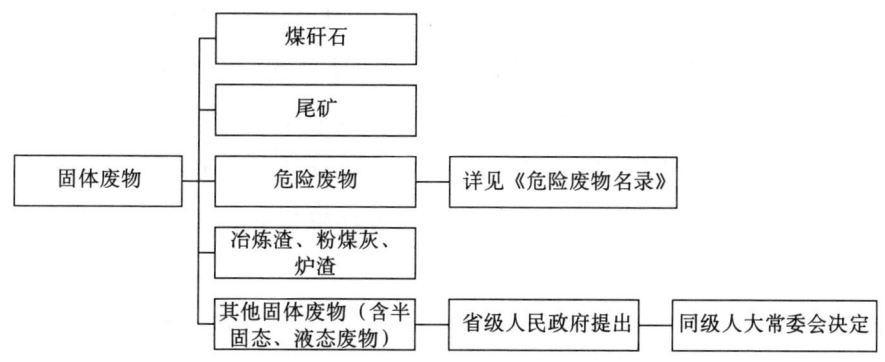

图 5-6　固体废物种类结构图

2. 排放量

（1）实施条例规定。

固体废物的排放量为当期应税固体废物的产生量减去当期应税固体废物的贮存量、处置量、综合利用量的余额。

（2）思考。

上述规定，是否与《环境保护税法》第十二条第四项规定冲突？

纳税人综合利用固体废物，符合国家和地方环境保护标准的，暂免征收环境保护税。即直接向环境排放，本应缴纳环境保护税，因为符合国家的资源利用政策，所以才予以免税。计算固体废物排放量时，若将综合利用量从产生量中减去，是否意味着不征税，不是免税？

幸运的是，2018年1月27日，《国家税务总局关于发布〈环境保护税纳税申报表〉的公告》（国家税务总局公告2018年第7号）所附纳税申报表填报逻辑对此做了修正。"环境保护税按月计算报表（固体废物适用）"中，排放量＝产生量－贮存量－处置量；综合利用量则填在"环境保护税减免税明细计算报表"中。

根据《国家税务总局关于简并税费申报有关事项的公告》（国家税务总局公告2021年第9号，以下简称"总局2021年第9号公告"）所附《环境保护税税源明细表》将上述公式修改为：固体废物排放量（含综合利用量）＝本月固体废物的产生量（吨）－本月固体废物的贮存量（吨）－本月固体废物的处置量（吨）。而将"本月固体废物的综合利用量（吨）×单位税额"作为"固体废物减免税额"。这一申报逻辑，亦符合本条将"纳税人综合利用的固体废物，符合国家和地方环境保护标准的"规定为税收优惠的要求。

第二篇
环境保护税计算申报实务

第六章

大气污染物环境保护税计算、申报案例

【例 6-1】重庆某企业,2021 年 9 月排放大气污染物数据如下:

1. 自动监测:甲醇 9 毫克/立方米、氮氧化物 12.5 毫克/立方米、丙酮 21 毫克/立方米;

2. 机构监测:硫化氢 33 毫克/立方米、氯化氢 32 毫克/立方米;

3. 排污系数:二氧化硫 2000 毫克/吨;

4. 排放废气:1000 万立方米;产量 50 万吨。

一、计算过程

第一步,确定应税污染物。

对照《环境保护税法》附表二"应税污染物和当量值表"规定的大气污染物,发现丙酮非应税污染物。即仅对甲醇、氮氧化物、硫化氢、氯化氢、二氧化硫缴纳环境保护税。

第二步,计算污染物排放量。

1. 甲醇 = 9 毫克/立方米 × 10000000 立方米 × 0.000001 = 90 千克

2. 氮氧化物 = 12.5 毫克/立方米 × 10000000 立方米 × 0.000001 = 125 千克

3. 硫化氢 = 33 毫克/米 × 10000000 立方米 × 0.000001 = 330 千克

4. 氯化氢 = 32 毫克/立方米 × 10000000 立方米 × 0.000001 = 320 千克

5. 二氧化硫 = 2000 毫克/吨 × 500000 吨 × 0.000001 = 1000 千克

第三步，计算污染物污染当量数。

1. 甲醇 = 90 千克/0.67 千克 = 134.33

2. 氮氧化物 = 125 千克/0.95 千克 = 131.58

3. 硫化氢 = 330 千克/0.29 千克 = 1137.93

4. 氯化氢 = 320 千克/10.75 千克 = 29.77

5. 二氧化硫 = 1000 千克/0.95 千克 = 1052.63

第四步，确定应征税项目数。

查询重庆市人大常委会公告，未增加同一个排放口应征税的项目数，即仅依污染当量数排序前三项征税，即硫化氢、二氧化硫、甲醇。

第五步，确定大气污染物适用税额标准。

查询重庆市人大常委会公告，重庆市 2018 年 1 月 1 日至 2020 年 12 月 31 日，大气污染物税额标准为每污染当量 2.4 元，水污染物税额标准为每污染当量 3 元；自 2021 年 1 月 1 日起，大气污染物税额标准为每污染当量 3.5 元，水污染物税额标准为每污染当量 3 元。

第六步，计算应纳环境保护税额。

应纳环境保护税额 = (1137.93 + 1052.63 + 134.33) × 3.5 = 8137.12（元）

第七步，计算减免税额。

甲醇排放浓度 9 毫克/立方米低于国家标准 20 毫克/立方米，则：

1. 低于国家标准的幅度 = 9 ÷ 20 × 100% = 45%

2. 减征环境保护税额 = 134.33 × 3.5 × (1 - 50%) = 235.08（元）

第八步，计算实际应纳环境保护税额。

实际应纳环境保护税额 = 8137.12 - 235.08 = 7902.04（元）

二、纳税申报

2021年10月26日前,向主管税务机关申报环境保护税。以其中的甲醇申报为例,如表6-1和表6-2所示(注:为方便展示,本书申报案例均删除了不相关项目,省略了《减免税明细申报附表》)。

表6-1　　　　　　　　　环境保护税税源明细表

纳税人识别号(统一社会信用代码):******
纳税人名称:重庆市某企业　　　　　　　　　　金额单位:人民币元(列至角分)

1. 按次申报 □		2. 从事海洋工程 □	
3. 城乡污水集中处理场所 □		4. 生活垃圾集中处理场所 □	
*5. 污染物类别		大气污染物 √　水污染物 □　固体废物 □　噪声 □	
6. 排污许可证编号		***	
*7. 生产经营所在区划		重庆市***	
*8. 生态环境主管部门		重庆市***生态环境局	
税源基础采集信息			
		新增 □　　变更 □　　删除 □	
*税源编号		(1)	***
排放口编号		(2)	***
*排放口名称或噪声源名称		(3)	*#排放口
*生产经营所在街乡		(4)	**街道
排放口地理坐标	*经度	(5)	29°3*'
	*纬度	(6)	106°3*'
*有效期起止		(7)	***
*污染物类别		(8)	大气污染物
水污染物种类		(9)	
*污染物名称		(10)	甲醇
危险废物污染物子类		(11)	无
*污染物排放量计算方法		(12)	自动监测
大气、水污染物标准排放限值	*执行标准	(13)	***
	*标准浓度值(毫克/升或毫克/标立方米)	(14)	20毫克/立方米

续表

税源基础采集信息						
产（排）污系数	*计税基数单位	（15）				
	*污染物单位	（16）				
	*产污系数	（17）				
	*排污系数	（18）				
固体废物信息	贮存情况	（19）				
	处置情况	（20）				
	综合利用情况	（21）				
噪声信息	*是否昼夜产生	（22）				
	*标准值——昼间（6时至22时）	（23）				
	*标准值——夜间（22时至次日6时）	（24）				
申报计算及减免信息						
	*税源编号	（1）	***			
	*税款所属月份	（2）	2021年9月			
	*排放口名称或噪声源名称	（3）	*#排放口			
	*污染物类别	（4）	大气污染物			
	*水污染物种类	（5）				
	*污染物名称	（6）	甲醇			
	危险废物污染物子类	（7）	无			
	*污染物排放量计算方法	（8）	自动监测			
大气、水污染物监测计算	*废气（废水）排放量（万标立方米、吨）	（9）	1000万标立方米			
	*实测浓度值（毫克/标立方米、毫克/升）	（10）	9毫克/立方米			
	*月均浓度（毫克/标立方米、毫克/升）	（11）	9毫克/立方米			
	*最高浓度（毫克/标立方米、毫克/升）	（12）	9毫克/立方米			

续表

	申报计算及减免信息			
污染物排放量 （千克或吨）	大气、水污染物监测计算： (28) = (9) × (10) ÷ 100（1000） 大气、水污染物产（排）污系数计算： (28) = (13) × (14) × M (28) = (13) × (15) × M pH 值、大肠菌群数、余氯量等水污染物计算： (28) = (9) 色度污染物计算： (28) = (9) × 色度超标倍数	90 千克		
污染物排放量 （千克或吨）	固体废物排放量（含综合利用量）： (28) = (16) - (17) - (18)	90 千克		
*污染当量值（特征值） （千克或吨）	(29)	0.67 千克		
*污染当量数	大气、水污染物污染当量数计算： (30) = (28) ÷ (29)	134.33		
减免性质代码和项目名称	(31)	***		
*单位税额	(32)	3.5		
*本期应纳税额	大气、水污染物应纳税额计算： (33) = (30) × (32) 固体废物应纳税额计算： (33) = (28) × (32) 噪声应纳税额计算： (33) = 0.5 或 1 [(22) 为是的用 0.5；为否的用 1] × 2 或 1 [(23) 为是的用 2，为否的用 1] × (32) 按照税法所附表二中畜禽养殖业等水污染物当量值表计算： (33) = (26) ÷ (29) × (32) 采用特征系数计算： (33) = (26) × (27) ÷ (29) × (32) 采用特征值计算： (33) = (26) × (29) × (32)	470.16		

续表

	申报计算及减免信息			
本期减免税额	大气、水污染物减免税额计算： (34) = (30) × (32) × N 固体废物减免税额计算： (34) = (19) × (32)	235.08		
本期已缴税额	(35)			
*本期应补（退）税额	(36) = (33) - (34) - (35)	235.08		

第六章 大气污染物环境保护税计算、申报案例

表 6-2 财产和行为税纳税申报表

纳税人识别号（统一社会信用代码）：*******
纳税人名称：重庆市某企业

金额单位：人民币元（列至角分）

序号	税种	税目	税款所属期起	税款所属期止	计税依据	税率	应纳税额	减免税额	已缴税额	应补（退）税额
1	环境保护税	大气污染物	2021年7月1日	2021年9月30日	2324.89	3.5	8137.12	235.08	0	7902.04
2										
3										
4										
5										
6										
7										
8										
9										
10										
11	合计	—	—	—	—	—				

声明：此表是根据国家税收法律法规及相关规定填写的，本人（单位）对填报内容（及附带资料）的真实性、可靠性、完整性负责。

纳税人（签章）：
纳税人身份证号：

经办人：
经办人身份证签章：
代理机构签章：
代理机构统一社会信用代码：

受理人：
受理税务机关（章）：
受理日期： 年 月 日

年 月 日

第七章

水污染物环境保护税计算、申报案例

【例7-1】北京某企业2021年6月排放水污染物数据如下:

1. 自动监测:pH值9;生化需氧量30毫克/升;化学需氧量100毫克/升;悬浮物12毫克/升

2. 机构监测:总砷0.7毫克/升;总磷12毫克/升

3. 排污系数:氨氮1500毫克/吨

4. 总排放量为:5000吨水;生产单位产品100万吨

计算其应纳环境保护税额。

一、计算过程

第一步,确定应税污染物。

对照《环境保护税法》附表二"应税污染物和当量值表"规定的水污染物,发现该企业排放的污染物均为应税水污染物。

第二步,计算污染物排放量。

1. pH值 = 5000 吨

2. 生化需氧量 = 30 毫克/升 × 5000 吨 × 1000L/吨 × 0.000001 = 150 千克

3. 化学需氧量 = 100 毫克/升 × 5000 吨 × 1000L/吨 × 0.000001 = 500 千克

4. 悬浮物 = 12 毫克/升 × 5000 吨 × 1000L/吨 × 0.000001 = 60 千克

5. 总砷 = 0.7 毫克/升 × 5000 吨 × 1000L/吨 × 0.000001 = 3.5 千克

6. 总磷 = 10 毫克/升 × 5000 吨 × 1000L/吨 × 0.000001 = 50 千克

7. 氨氮 = 1500 毫克/吨 × 1000000 吨 × 0.000001 = 1500 千克

第三步，计算污染物的污染当量数。

1. pH 值 = 5000 吨/1 吨 = 5000

2. 生化需氧量 = 150 千克/0.5 千克 = 300

3. 化学需氧量 = 500 千克/1 千克 = 500

4. 悬浮物 = 60 千克/4 千克 = 15

5. 总砷 = 3.5 千克/0.02 千克 = 175

6. 总磷 = 50 千克/0.25 千克 = 200

7. 氨氮 = 1500 千克/0.8 千克 = 1875

第四步，确定应征税项目数。

查询北京市人大常委会公告，未增加同一个排放口应征税的项目数，即仅依污染当量数排序前三项征税。即对 pH 值、氨氮、化学需氧量和总砷征税。

第五步，确定水污染物适用税额标准。

查询北京市人大常委会公告，北京市应税大气污染物适用税额为 12 元/污染当量，应税水污染物适用税额为 14 元/污染当量。

第六步，计算应纳税额。

应纳环境保护税额 = (5000 + 1875 + 500 + 175) × 14 = 105700（元）。

第七步，计算减免税额。

化学需氧量浓度为 100 毫克/升，低于国家标准 150 毫克/升。

1. 低于国家标准的幅度 = 100/150 × 100% = 66.67%

2. 减征环境保护税额 = 500 × 14 × (1 − 75%) = 1750 元

第八步，计算实际应缴纳环境保护税额。

实际应缴纳环境保护税额 = 105700 - 1750 = 103950（元）。

二、纳税申报

2021 年 7 月 15 日前，向主管税务机关申报环境保护税。以其中的化学需氧量申报为例，如表 7-1 和表 7-2 所示。

表 7-1　　　　　　　　环境保护税税源明细表

纳税人识别号（统一社会信用代码）：*******

纳税人名称：北京某企业　　　　　　　　　　金额单位：人民币元（列至角分）

1. 按次申报 □		2. 从事海洋工程 □		
3. 城乡污水集中处理场所 □		4. 生活垃圾集中处理场所 □		
*5. 污染物类别		大气污染物 □　水污染物 √　固体废物 □　噪声 □		
6. 排污许可证编号		******		
*7. 生产经营所在区划		北京市 ***		
*8. 生态环境主管部门		北京市 *** 生态环境局		
税源基础采集信息				
		新增 □　　变更 □　　删除 □		
*税源编号	(1)	***		
排放口编号	(2)	***		
*排放口名称或噪声源名称	(3)	*#排放口		
*生产经营所在街乡	(4)	**街道		
排放口地理坐标	*经度	(5)	116°*'	
	*纬度	(6)	39°*'	
*有效期起止	(7)	***		
*污染物类别	(8)	水污染物		
水污染物种类	(9)	其他类水污染物		
*污染物名称	(10)	化学需氧量		
危险废物污染物子类	(11)	***		
*污染物排放量计算方法	(12)	自动监测		

98

续表

税源基础采集信息				
大气、水污染物标准排放限值	*执行标准	（13）	标准名称及编号	
	*标准浓度值（毫克/升或毫克/标立方米）	（14）	150毫克/升	
申报计算及减免信息				
	*税源编号	（1）	***	
	*税款所属月份	（2）	6月	
	*排放口名称或噪声源名称	（3）	*#排放口	
	*污染物类别	（4）	水污染物	
	*水污染物种类	（5）	其他类水污染物	
	*污染物名称	（6）	化学需氧量	
	危险废物污染物子类	（7）	无	
	*污染物排放量计算方法	（8）	自动监测	
大气、水污染物监测计算	*废气（废水）排放量（万标立方米、吨）	（9）	5000吨	
	*实测浓度值（毫克/标立方米、毫克/升）	（10）	100毫克/升	
	*月均浓度（毫克/标立方米、毫克/升）	（11）	100毫克/升	
	*最高浓度（毫克/标立方米、毫克/升）	（12）	100毫克/升	
污染物排放量（千克或吨）	大气、水污染物监测计算： （28）=（9）×（10）÷100（1000） 大气、水污染物产（排）污系数计算： （28）=（13）×（14）×M （28）=（13）×（15）×M pH值、大肠菌群数、余氯量等水污染物计算： （28）=（9） 色度污染物计算： （28）=（9）×色度超标倍数 固体废物排放量（含综合利用量）： （28）=（16）-（17）-（18）		500千克	

续表

申报计算及减免信息		
*污染当量值（特征值）（千克或吨）	(29)	1
*污染当量数	大气、水污染物污染当量数计算： (30) = (28) ÷ (29)	500
减免性质代码和项目名称	(31)	***
*单位税额	(32)	14
*本期应纳税额	大气、水污染物应纳税额计算： (33) = (30) × (32) 固体废物应纳税额计算： (33) = (28) × (32) 噪声应纳税额计算： (33) = 0.5 或 1 [(22) 为是的用 0.5；为否的用 1] × 2 或 1 [(23) 为是的用 2，为否的用 1] × (32) 按照税法所附表二中畜禽养殖业等水污染物当量值表计算： (33) = (26) ÷ (29) × (32) 采用特征系数计算： (33) = (26) × (27) ÷ (29) × (32) 采用特征值计算： (33) = (26) × (29) × (32)	7000
本期减免税额	大气、水污染物减免税额计算： (34) = (30) × (32) × N 固体废物减免税额计算： (34) = (19) × (32)	1750
本期已缴税额	(35)	0
*本期应补（退）税额	(36) = (33) - (34) - (35)	5250

第七章 水污染物环境保护税计算、申报案例

表7-2 财产和行为税纳税申报表

纳税人识别号（统一社会信用代码）：******

纳税人名称：北京某企业

金额单位：人民币元（列至角分）

序号	税种	税目	税款所属期起	税款所属期止	计税依据	税率	应纳税额	减免税额	已缴税额	应补（退）税额
1	环境保护税	水污染物	2021年4月1日	2021年6月30日	1875	14	105700	1750	0	103950
2										
3										
4										
5										
6										
7										
8										
9										
10										
11	合计	—	—	—	—	—				

声明：此表是根据国家税收法律法规及相关规定填写的，本人（单位）对填报内容（及附带资料）的真实性、可靠性、完整性负责。

纳税人（签章）：

经办人：

经办人身份证号：

代理机构签章：

代理机构统一社会信用代码：

受理人：

受理税务机关（章）：

受理日期：　年　月　日

第八章

固体废物环境保护税计算、申报案例

【例8-1】上海某企业，2021年6月固体废物相关数据如下：

1. 废酸（危险废物）23吨：委托有资质单位处理18吨；5吨自行综合利用

2. 粉煤灰34吨：对外销售33吨；1吨对外排放

3. 生活垃圾17吨：环卫站处置15吨；2吨对外排放

计算其应纳环境保护税额。

一、计算过程

第一步，计算污染物排放量。

1. 危险废物排放量＝产生量－处置量－贮存量＝23吨－18吨＝5（吨）

2. 粉煤灰排放量＝产生量－处置量－贮存量＝34吨－0吨＝34（吨）

（注：笔者认为此处的对外销售粉煤灰可理解为综合利用固体废物。）

3. 生活垃圾非上海市人民政府规定的其他固体废物，非环境保护税征税对象。

第二步，计算应纳环境保护税额。

应纳环境保护税额＝5吨×1000元/吨＋34吨×25元/吨＝5850（元）

第三步，计算减税额。

资源综合利用免税额＝5吨×1000元/吨＋33吨×25元/吨＝5825（元）

第四步，计算实际应纳税额。

实际应纳税额 = 5850 元 – 5825 元 = 25（元）

二、纳税申报

在 2021 年 7 月 15 日前，向主管税务机关申报环境保护税。以其中的危险废物申报为例，如表 8 – 1 和表 8 – 2 所示。

表 8 – 1　　　　　　　　环境保护税税源明细表

纳税人识别号（统一社会信用代码）：******

纳税人名称：上海某企业　　　　　　　　　　　　　金额单位：人民币元（列至角分）

1. 按次申报 □			2. 从事海洋工程 □	
3. 城乡污水集中处理场所 □			4. 生活垃圾集中处理场所 □	
*5. 污染物类别			大气污染物 □　水污染物 □　固体废物 √　噪声 □	
6. 排污许可证编号			******	
*7. 生产经营所在区划			上海市 ***	
*8. 生态环境主管部门			上海市 *** 生态环境局	
税源基础采集信息				
			新增 □　变更 □　删除 □	
*税源编号		(1)	***	
排放口编号		(2)		
*排放口名称或噪声源名称		(3)	***	
*生产经营所在街乡		(4)	** 街道	
排放口地理坐标	*经度	(5)	120°*'	
	*纬度	(6)	30°*'	
*有效期起止		(7)	***	
*污染物类别		(8)	固体废物	
水污染物种类		(9)		
*污染物名称		(10)	危险废物	
危险废物污染物子类		(11)	HW34 废酸	
*污染物排放量计算方法		(12)	自动监测	
申报计算及减免信息				
*税源编号		(1)	***	
*税款所属月份		(2)	2021 年 6 月	

续表

申报计算及减免信息			
*排放口名称或噪声源名称	（3）	***	
*污染物类别	（4）	固体废物	
*水污染物种类	（5）	***	
*污染物名称	（6）	危险废物	
危险废物污染物子类	（7）	HW34 废酸	
*污染物排放量计算方法	（8）	自动监测	
固体废物计算	*本月固体废物的产生量（吨）	（16）	23
	*本月固体废物的贮存量（吨）	（17）	
	*本月固体废物的处置量（吨）	（18）	18
	*本月固体废物的综合利用量（吨）	（19）	5
污染物排放量（千克或吨）	大气、水污染物监测计算： （28）=（9）×（10）÷100（1000） 大气、水污染物产（排）污系数计算： （28）=（13）×（14）×M （28）=（13）×（15）×M pH值、大肠菌群数、余氯量等水污染物计算： （28）=（9） 色度污染物计算： （28）=（9）×色度超标倍数 固体废物排放量（含综合利用量）： （28）=（16）-（17）-（18）	5	
*污染当量值（特征值）（千克或吨）	（29）	***	
*污染当量数	大气、水污染物污染当量数计算： （30）=（28）÷（29）		

续表

申报计算及减免信息			
减免性质代码和项目名称	(31)	***	
*单位税额	(32)	1000	
*本期应纳税额	大气、水污染物应纳税额计算： (33) = (30) × (32) 固体废物应纳税额计算： (33) = (28) × (32) 噪声应纳税额计算： (33) = 0.5 或 1 [(22) 为是的用 0.5；为否的用 1] × 2 或 1 [(23) 为是的用 2，为否的用 1] × (32) 按照税法所附表二中畜禽养殖业等水污染物当量值表计算： (33) = (26) ÷ (29) × (32) 采用特征系数计算： (33) = (26) × (27) ÷ (29) × (32) 采用特征值计算： (33) = (26) × (29) × (32)	5000	
本期减免税额	大气、水污染物减免税额计算： (34) = (30) × (32) × N 固体废物减免税额计算： (34) = (19) × (32)	5000	
本期已缴税额	(35)		
*本期应补（退）税额	(36) = (33) - (34) - (35)	0	

表8-2 财产和行为税纳税申报表

纳税人识别号（统一社会信用代码）：******
纳税人名称：上海某企业

金额单位：人民币元（列至角分）

序号	税种	税目	税款所属期起	税款所属期止	计税依据	税率	应纳税额	减免税额	已缴税额	应补（退）税额
1	环境保护税	危险废物	2021年7月1日	2021年9月30日	5	1000	5000	5000	0	0
2		粉煤灰	2021年7月1日	2021年9月30日	34	25	850	825	0	25
3										
4										
5										
6										
7										
8										
9										
10										
11	合计		—	—	—	—				

声明：此表是根据国家税收法律法规及相关规定填写的，本人（单位）对填报内容（及附带资料）的真实性、可靠性、完整性负责。

纳税人（签章）： 年 月 日

经办人：
经办人身份证号：
代理机构签章：
代理机构统一社会信用代码：

受理人：
受理税务机关（章）：
受理日期： 年 月 日

第九章

噪声环境保护税计算、申报案例

【例 9-1】河南某企业,2021 年 6 月噪声数据如下:

1. 昼间:68 分贝;夜间:61 分贝

2. 夜间超标天数为 14 天;昼间超标天数为 17 天;昼间边界长度超过 100 米有两处超标

3. 执行标准:《声环境质量标准》(GB3096-2008)(3 类标准)

一、计算过程

1. 第一步,查国家或地方标准限值。

知:昼间 65 分贝、夜间 55 分贝

2. 第二步,计算超过国家标准分贝数。

昼间 = 实测分贝数 - 国家标准限值 = 68 分贝 - 65 分贝 = 3 分贝

夜间 = 实测分贝数 - 国家标准限值 = 61 分贝 - 55 分贝 = 6 分贝

3. 第三步,确定适用税额。

昼间超标 3 分贝,适用 350 元/月的税额标准。

夜间超标 6 分贝,适用 700 元/月的税额标准。

4. 第四步,系数调整。

昼间边界长度超过 100 米有两处超标,按两个单位征收;

夜间超标天数为 14 天,不足 15 天,减半征收。

5. 第五步，应纳环境保护税额。

应纳环境保护税额 = 350×2 + 700×50% = 1050 元

二、纳税申报

2021年7月15日前，向主管税务机关申报环境保护税。以夜间噪声为例，相关内容如表9-1和表9-2所示。

表 9-1　　　　　　　　环境保护税税源明细表

纳税人识别号（统一社会信用代码）：******
纳税人名称：河南某企业　　　　　　　　　金额单位：人民币元（列至角分）

1. 按次申报 □		2. 从事海洋工程 □
3. 城乡污水集中处理场所 □		4. 生活垃圾集中处理场所 □
*5. 污染物类别		大气污染物 □　水污染物 □　固体废物 □　噪声 √
6. 排污许可证编号		***
*7. 生产经营所在区划		河南省 ***
*8. 生态环境主管部门		河南省 *** 生态环境局
税源基础采集信息		
		新增 □　变更 □　删除 □
*税源编号	(1)	***
排放口编号	(2)	
*排放口名称或噪声源名称	(3)	*#噪声源
*生产经营所在街乡	(4)	** 乡镇
排放口地理坐标	*经度	(5)	112°*'
	*纬度	(6)	34°*'
*有效期起止	(7)	***
*污染物类别	(8)	噪声
水污染物种类	(9)	
*污染物名称	(10)	工业噪声
危险废物污染物子类	(11)	无
*污染物排放量计算方法	(12)	自动监测

续表

税源基础采集信息					
噪声信息	*是否昼夜产生	(22)	是		
	*标准值——昼间 （6时至22时）	(23)	65分贝		
	*标准值——夜间 （22时至次日6时）	(24)	55分贝		
申报计算及减免信息					
	*税源编号	(1)	***		
	*税款所属月份	(2)	2021年6月		
	*排放口名称或噪声源名称	(3)	*#噪声源		
噪声计算	*噪声时段	(20)	夜间		
	*监测分贝数	(21)	61分贝		
	*超标不足15天	(22)	是		
	*两处以上噪声超标	(23)	否		
污染物排放量 （千克或吨）		大气、水污染物监测计算： (28)＝(9)×(10)÷100 (1000) 大气、水污染物产（排） 污系数计算： (28)＝(13)×(14)×M (28)＝(13)×(15)×M pH值、大肠菌群数、余氯 量等水污染物计算： (28)＝(9) 色度污染物计算： (28)＝(9)×色度超标倍数 固体废物排放量（含综合 利用量）： (28)＝(16)－(17)－(18)			
*污染当量值（特征值） （千克或吨）		(29)			
*污染当量数		大气、水污染物污染当量 数计算： (30)＝(28)÷(29)			
减免性质代码和项目名称		(31)	***		
*单位税额		(32)			

续表

	申报计算及减免信息			
*本期应纳税额	大气、水污染物应纳税额计算： （33）=（30）×（32） 固体废物应纳税额计算： （33）=（28）×（32） 噪声应纳税额计算： （33）=0.5 或 1[（22）为是的用 0.5；为否的用 1]×2 或 1[（23）为是的用 2，为否的用 1]×（32） 按照税法所附表二中畜禽养殖业等水污染物当量值表计算： （33）=（26）÷（29）×（32） 采用特征系数计算： （33）=（26）×（27）÷（29）×（32） 采用特征值计算： （33）=（26）×（29）×（32）	350		
本期减免税额	大气、水污染物减免税额计算： （34）=（30）×（32）×N 固体废物减免税额计算： （34）=（19）×（32）			
本期已缴税额	（35）			
*本期应补（退）税额	（36）=（33）-（34）-（35）	350		

第九章 噪声环境保护税计算、申报案例

表 9-2 财产和行为税纳税申报表

纳税人识别号（统一社会信用代码）：******

纳税人名称：河南某企业

金额单位：人民币元（列至角分）

序号	税种	税目	税款所属期起	税款所属期止	计税依据	税率	应纳税额	减免税额	已缴税额	应补（退）税额
1	环境保护税	噪声-工业噪声1-3分贝	2021年4月1日	2021年6月30日	2	350	700			700
2	环境保护税	噪声-工业噪声4-6分贝	2021年4月1日	2021年6月30日	0.5	700	350			350
3										
4										
5										
6										
7										
8										
9										
10										
11	合计	—	—	—	—	—	1050	0	0	1050

声明：此表是根据国家税收法律法规及相关规定填写的，本人（单位）对填报内容（及附带资料）的真实性、可靠性、完整性负责。

纳税人（签章）：

年 月 日

经办人：

经办人身份证号：

代理机构签章：

代理机构统一社会信用代码：

受理人：

受理税务机关（章）：

受理日期： 年 月 日

111

第十章

抽样测算计算及申报实务

【例 10-1】四川某餐饮企业,无法进行实际监测或者物料衡算,2021年6月用水量为150吨。

一、计算过程

第一步,计算污水排放量。

污水排放量 = 150 吨水 × 88% = 132 吨水

第二步,计算污水污染当量数。

污染当量数 = 排放量 ÷ 污染当量值 = 132 吨水 ÷ 0.5 吨水 = 264

第三步,确定适用税额。

查询四川省人民代表大会常务委员会关于大气污染物和水污染物环境保护税适用税额的决定,四川省环境保护税应税水污染物适用税额为每污染当量 2.8 元。

第四步,计算应纳环境保护税额。

应纳环境保护税额 = 264 × 2.8 = 739.2(元)

二、纳税申报

2021年7月15日前,向主管税务机关申报环境保护税,内容如表 10-1 和表 10-2 所示。

表 10－1　　　　　　　　　环境保护税税源明细表

纳税人识别号（统一社会信用代码）：＊＊＊＊＊＊
纳税人名称：四川某餐饮企业　　　　　　　　　　　　金额单位：人民币元（列至角分）

1. 按次申报 □			2. 从事海洋工程 □	
3. 城乡污水集中处理场所 □			4. 生活垃圾集中处理场所 □	
*5. 污染物类别		大气污染物 □　　水污染物 √　　固体废物 □　　噪声 □		
6. 排污许可证编号		***		
*7. 生产经营所在区划		四川省***		
*8. 生态环境主管部门		四川省***生态环境局		
税源基础采集信息				
			新增 □　　变更 □　　删除 □	
	*税源编号	(1)	***	
	排放口编号	(2)		
	*排放口名称或噪声源名称	(3)	***	
	*生产经营所在街乡	(4)	*街道	
排放口地理坐标	*经度	(5)	102°*′	
	*纬度	(6)	30°*′	
	*有效期起止	(7)	***	
	*污染物类别	(8)	水污染物	
	水污染物种类	(9)		
	*污染物名称	(10)	污水	
	危险废物污染物子类	(11)		
	*污染物排放量计算方法	(12)	抽样测算	
大气、水污染物标准排放限值	*执行标准	(13)		
	*标准浓度值（毫克/升或毫克/标立方米）	(14)		
产（排）污系数	*计税基数单位	(15)		
	*污染物单位	(16)		
	*产污系数	(17)		
	*排污系数	(18)		
固体废物信息	贮存情况	(19)		
	处置情况	(20)		
	综合利用情况	(21)		

续表

税源基础采集信息					
噪声信息	*是否昼夜产生	(22)			
	*标准值——昼间（6时至22时）	(23)			
	*标准值——夜间（22时至次日6时）	(24)			
申报计算及减免信息					
*税源编号		(1)	***		
*税款所属月份		(2)	2021年6月		
*排放口名称或噪声源名称		(3)	***		
*污染物类别		(4)	水污染物		
*水污染物种类		(5)	污水		
*污染物名称		(6)			
危险废物污染物子类		(7)			
*污染物排放量计算方法		(8)	抽样测算		
抽样测算计算	特征指标	(24)	污水		
	特征单位	(25)	吨		
	特征指标数量	(26)	150		
	特征系数	(27)	88%		
污染物排放量（千克或吨）		大气、水污染物监测计算： (28) = (9) × (10) ÷ 100（1000） 大气、水污染物产（排）污系数计算： (28) = (13) × (14) × M (28) = (13) × (15) × M pH值、大肠菌群数、余氯量等水污染物计算： (28) = (9) 色度污染物计算： (28) = (9) × 色度超标倍数 固体废物排放量（含综合利用量）： (28) = (16) - (17) - (18)			

续表

申报计算及减免信息					
*污染当量值（特征值）（千克或吨）	(29)	0.5 吨污水			
*污染当量数	大气、水污染物污染当量数计算： (30) = (28) ÷ (29)				
减免性质代码和项目名称	(31)				
*单位税额	(32)	2.8			
*本期应纳税额	大气、水污染物应纳税额计算： (33) = (30) × (32) 固体废物应纳税额计算： (33) = (28) × (32) 噪声应纳税额计算： (33) = 0.5 或 1[(22) 为是的用 0.5；为否的用 1] × 2 或 1[(23) 为是的用 2，为否的用 1] × (32) 按照税法所附表二中畜禽养殖业等水污染物当量值表计算： (33) = (26) ÷ (29) × (32) 采用特征系数计算： (33) = (26) × (27) ÷ (29) × (32) 采用特征值计算： (33) = (26) × (29) × (32)	739.2			
本期减免税额	大气、水污染物减免税额计算： (34) = (30) × (32) × N 固体废物减免税额计算： (34) = (19) × (32)				
本期已缴税额	(35)				
*本期应补（退）税额	(36) = (33) - (34) - (35)	739.2			

表10-2 财产和行为税纳税申报表

纳税人识别号（统一社会信用代码）：******

纳税人名称：四川某餐饮企业

金额单位：人民币元（列至角分）

序号	税种	税目	税款所属期起	税款所属期止	计税依据	税率	应纳税额	减免税额	已缴税额	应补（退）税额
1	环境保护税	水污染物	2021年4月1日	2021年6月30日	264	2.8	739.2			739.2
2										
3										
4										
5										
6										
7										
8										
9										
10										
11	合计	—	—	—	—	—				

声明：此表是根据国家税收法律法规及相关规定填写的，本人（单位）对填报内容（及附带资料）的真实性、可靠性、完整性负责。

纳税人（签章）： 年 月 日

经办人：
经办人身份证号：
代理机构签章：
代理机构统一社会信用代码：

受理人：
受理税务机关（章）：
受理日期： 年 月 日

【例 10-2】四川某开发企业 2021 年 6 月在四川某地施工面积 10000 平方米,相关信息如下:

1. 达标项目:道路硬化措施、边界围挡、运输车辆简易冲洗装置、易扬尘物料覆盖

2. 未达标项目:定期喷洒抑制剂、运输车辆机械冲洗装置裸露地面覆盖

计算其扬尘(一般性粉尘)应缴纳的环境保护税。

一、计算过程

第一步,计算扬尘排放量削减系数。

1. 道路硬化措施:0.071

2. 边界围挡:0.047

3. 运输车辆简易冲洗装置:0.155

4. 易扬尘物料覆盖:0.025

合计:0.298

第二步,计算扬尘产生量系数与消减系数之差。

扬尘产生量系数:1.01

差额 = 1.01 - 0.298 = 0.712

第三步,计算扬尘的污染当量数。

污染当量数 = (扬尘产生量系数 - 扬尘削减量系数)(千克/平方米) × 总建筑面积(或施工面积,平方米)/一般性粉尘污染当量值(千克) = 0.712 千克/平方米 × 10000 平方米/4 千克 = 1780

第四步,查询四川省一般性粉尘的适用税额标准。

查询四川省人大常委会公告,四川大气污染物适用税额为每污染当量 3.9 元,水污染物适用税额为每污染当量 2.8 元。

第五步,计算应纳环境保护税额。

应纳环境保护税额 = 污染当量数 × 适用税额 = 1780 × 3.9 = 6942(元)

二、纳税申报

在 2021 年 7 月 15 日前,向主管税务机关申报环境保护税。相关内容如表 10-3 和表 10-4 所示。

表 10-3　　　　　环境保护税税源明细表

纳税人识别号(统一社会信用代码):******

纳税人名称:四川某施工企业　　　　　　　　金额单位:人民币元(列至角分)

1. 按次申报 □			2. 从事海洋工程 □		
3. 城乡污水集中处理场所 □			4. 生活垃圾集中处理场所 □		
*5. 污染物类别		大气污染物 √　水污染物 □　固体废物 □　噪声 □			
6. 排污许可证编号		***			
*7. 生产经营所在区划		四川省 ***			
*8. 生态环境主管部门		四川省 *** 生态环境局			
税源基础采集信息					
			新增 □　　变更 □　　删除 □		
*税源编号		(1)	***		
排放口编号		(2)			
*排放口名称或噪声源名称		(3)			
*生产经营所在街乡		(4)	*街道		
排放口地理坐标	*经度	(5)	102°*'		
	*纬度	(6)	30°*'		
*有效期起止		(7)	***		
*污染物类别		(8)	大气污染物		
水污染物种类		(9)			
*污染物名称		(10)	一般性粉尘		
危险废物污染物子类		(11)			
*污染物排放量计算方法		(12)	抽样测算		
申报计算及减免信息					
*税源编号		(1)	***		
*税款所属月份		(2)	2021 年 6 月		

续表

申报计算及减免信息				
*排放口名称或噪声源名称	(3)	***		
*污染物类别	(4)	大气污染物		
*水污染物种类	(5)			
*污染物名称	(6)			
危险废物污染物子类	(7)			
*污染物排放量计算方法	(8)	抽样测算		
抽样测算计算	特征指标	(24)	面积	
	特征单位	(25)	平方米	
	特征指标数量	(26)	10000	
	特征系数	(27)	0.712 千克/平方米	
污染物排放量（千克或吨）	大气、水污染物监测计算： (28) = (9) × (10) ÷ 100 (1000) 大气、水污染物产（排）污系数计算： (28) = (13) × (14) × M (28) = (13) × (15) × M pH 值、大肠菌群数、余氯量等水污染物计算： (28) = (9) 色度污染物计算： (28) = (9) × 色度超标倍数 固体废物排放量（含综合利用量）： (28) = (16) - (17) - (18)	7120		
*污染当量值（特征值）（千克或吨）	(29)	4		
*污染当量数	大气、水污染物污染当量数计算： (30) = (28) ÷ (29)	1780		
减免性质代码和项目名称	(31)			
*单位税额	(32)	3.9		

续表

申报计算及减免信息				
*本期应纳税额	大气、水污染物应纳税额计算： (33)=(30)×(32) 固体废物应纳税额计算： (33)=(28)×(32) 噪声应纳税额计算： (33)=0.5 或 1[(22)为是的用 0.5；为否的用 1]×2 或 1[(23)为是的用 2，为否的用 1]×(32) 按照税法所附表二中畜禽养殖业等水污染物当量值表计算： (33)=(26)÷(29)×(32) 采用特征系数计算： (33)=(26)×(27)÷(29)×(32) 采用特征值计算： (33)=(26)×(29)×(32)	6942		
本期减免税额	大气、水污染物减免税额计算： (34)=(30)×(32)×N 固体废物减免税额计算： (34)=(19)×(32)			
本期已缴税额	(35)			

表10-4 财产和行为税纳税申报表

纳税人识别号（统一社会信用代码）：*******
纳税人名称：四川某开发企业

金额单位：人民币元（列至角分）

序号	税种	税目	税款所属期起	税款所属期止	计税依据	税率	应纳税额	减免税额	已缴税额	应补（退）税额
1	环境保护税	大气污染物	2021年4月1日	2021年6月30日	1780	3.9	6942			6942
2										
3										
4										
5										
6										
7										
8										
9										
10										
11	合计	—	—	—	—	—	—	—	—	—

声明：此表是根据国家税收法律法规及相关规定填写的，本人（单位）对填报内容（及附带资料）的真实性、可靠性、完整性负责。

纳税人身份证号：
纳税人（签章）：
年 月 日

经办人：
经办人身份证号：
代理机构签章：
代理机构统一社会信用代码：

受理人：
受理税务机关（章）：
受理日期： 年 月 日

【例 10 - 3】 广东某餐饮企业 2021 年 9 月相关信息如下：

1. 营业面积 600 平方米

2. 无法提供污水排放量和实际用水量

计算其污水排放应缴的环境保护税。

一、计算过程

1. 第一步，确定排污特征值系数

查询《广东省环境保护厅关于发布部分行业环境保护税应税污染物排放量抽样测算特征值系数的公告》（粤环发〔2018〕2 号）所附《部分小型第三产业排污特征值系数》，该餐饮企业污水排污特征值系数为 720/月，废气排污特征值系数为 250/月。

2. 第二步，确定适用税额

根据《广东省人民代表大会常务委员会关于广东省大气污染物和水污染物环境保护税适用税额的决定》规定，广东省水污染物每污染当量 2.8 元，大气污染物每污染当量 1.8 元。

3. 第三步，计算应纳环境保护税额

根据《国家税务总局广东省税务局关于发布〈国家税务总局广东省税务局环境保护税核定征收管理办法〉的公告》（国家税务总局广东省税务局公告 2021 年第 1 号）第四条相关规定，该纳税人应纳环境保护税额 = 营业面积对应的排污特征值系数 × 适用税额 = 营业面积对应的排污特征值系数 × 适用税额 = 720 × 2.8 + 250 × 1.8 = 2466 元。

二、纳税申报

在 2021 年 10 月 26 日前，向主管税务机关申报环境保护税。相关内容如表 10 - 5（仅以污水的环境保护税申报为例）和表 10 - 6 所示。

表 10－5　　　　　　　　环境保护税税源明细表

纳税人识别号（统一社会信用代码）：******

纳税人名称：广东某餐饮企业　　　　　　　　　　金额单位：人民币元（列至角分）

1. 按次申报 □		2. 从事海洋工程 □		
3. 城乡污水集中处理场所 □		4. 生活垃圾集中处理场所 □		
*5. 污染物类别		大气污染物 √　水污染物 □　固体废物 □　噪声 □		
6. 排污许可证编号		***		
*7. 生产经营所在区划		广东省 ***		
*8. 生态环境主管部门		广东省 *** 生态环境局		
税源基础采集信息				
			新增 □　变更 □　删除 □	
*税源编号		（1）	***	
排放口编号		（2）		
*排放口名称或噪声源名称		（3）	***	
*生产经营所在街乡		（4）	*街道	
排放口地理坐标	*经度	（5）	112°*'	
	*纬度	（6）	22°*'	
*有效期起止		（7）	***	
*污染物类别		（8）	水污染物	
水污染物种类		（9）		
*污染物名称		（10）	污水	
危险废物污染物子类		（11）		
*污染物排放量计算方法		（12）	抽样测算	
申报计算及减免信息				
*税源编号		（1）	***	
*税款所属月份		（2）	2021 年 9 月	
*排放口名称或噪声源名称		（3）	***	
*污染物类别		（4）	水污染物	
*水污染物种类		（5）	污水	
*污染物名称		（6）		
危险废物污染物子类		（7）		
*污染物排放量计算方法		（8）	抽样测算	

续表

申报计算及减免信息						
抽样测算计算	特征指标	(24)		营业面积		
	特征单位	(25)		平方米		
	特征指标数量	(26)		600		
	特征系数	(27)				
污染物排放量（千克或吨）		大气、水污染物监测计算： (28)=(9)×(10)÷100（1000） 大气、水污染物产（排）污系数计算： (28)=(13)×(14)×M (28)=(13)×(15)×M pH值、大肠菌群数、余氯量等水污染物计算： (28)=(9) 色度污染物计算： (28)=(9)×色度超标倍数 固体废物排放量（含综合利用量）： (28)=(16)-(17)-(18)		720		
*污染当量值（特征值）（千克或吨）		(29)				
*污染当量数		大气、水污染物污染当量数计算： (30)=(28)÷(29)				
减免性质代码和项目名称		(31)				
*单位税额		(32)		2.8		

续表

	申报计算及减免信息			
*本期应纳税额	大气、水污染物应纳税额计算： (33)=(30)×(32) 固体废物应纳税额计算： (33)=(28)×(32) 噪声应纳税额计算： (33)=0.5或1[(22)为是的用0.5；为否的用1]×2或1[(23)为是的用2，为否的用1]×(32) 按照税法所附表二中畜禽养殖业等水污染物当量值表计算： (33)=(26)÷(29)×(32) 采用特征系数计算： (33)=(26)×(27)÷(29)×(32) 采用特征值计算： (33)=(26)×(29)×(32)	2016		
本期减免税额	大气、水污染物减免税额计算： (34)=(30)×(32)×N 固体废物减免税额计算： (34)=(19)×(32)			
本期已缴税额	(35)			
*本期应补（退）税额	(36)=(33)-(34)-(35)	2016		

表10-6 财产和行为税纳税申报表

纳税人识别号（统一社会信用代码）：*******
纳税人名称：广东某餐饮企业

金额单位：人民币元（列至角分）

序号	税种	税目	税款所属起	税款所属止	计税依据	税率	应纳税额	减免税额	已缴税额	应补（退）税额
1	环境保护税	污水	2021年7月1日	2021年9月30日	720	2.8	2016			2016
2	环境保护税	废气	2021年7月1日	2021年9月30日	250	1.8	450			450
3										
4										
5										
6										
7										
8										
9										
10										
11	合计	—	—	—	—	—				2466

声明：此表是根据国家税收法律法规及相关规定填写的，本人（单位）对填报内容（及附带资料）的真实性、可靠性、完整性负责。

纳税人（签章）：

经办人：
经办人身份证号：
代理机构签章：
代理机构统一社会信用代码：

受理人：
受理税务机关（章）：
受理日期： 年 月 日

第十一章

环境保护税计算申报注意事项

一、环境保护税计算十步法

第一步：确认发生了应税行为。

《环境保护税法》第二条规定，直接向环境排放应税污染物的企业、事业单位和其他生产经营者为环保税的纳税人。若企业发生了排放行为，但未直接排放向环境，如：污水排放向污水处理厂，就不属于直接向环境排放。此时就无纳税义务，更无计算、申报必要。

第二步：确认污染物种类。

根据《环境保护税法》规定，征税的污染物分为大气、水污染物及固体废物、噪声四项。各个污染物的计算逻辑都有所不同，且申报表分开申报。

第三步：确认应征税污染物。

企业排放的污染物种类很多，比如建筑噪声、格林曼黑度、水温等污染物，都不是应税污染物。环境保护税仅对《环境保护税法》附表列举的污染物征收。

第四步：计算污染物排放量或噪声分贝数。

《环境保护税法》第十条规定了四种计算污染物排放量或噪声分贝数的方法：1. 自动监测；2. 机构监测；3. 排污系数、物料衡算；4. 抽样测算。根据企业排污情况，分别适用不同的计算方法确定污染物排放量或噪声分贝数。

第五步：计算环保税的计税依据。

《环境保护税法》第七条规定，计税依据：1. 应税大气污染物、应税水污染物按照污染物排放量折合的污染当量数确定；2. 应税固体废物按照固体废物的排放量确定；3. 应税噪声按照超过国家规定标准的分贝数确定。

第六步：确定应征税的项目数。

根据上步计算的污染物当量数排序，对于大气污染物，仅需要对前三项实际征税；对水污染物，则分为第一类水污染物和其他水污染物，分别对前三项和前五项征税。噪声、固体废物，则只要发生应税污染物的直接向环境排放就需要缴纳环境保护税。

第七步：确定适用税额标准。

《环境保护税法》规定，大气、水污染物没污染当量适用税额，由各地省级人大常委会决定；对固体废物、噪声则直接确定了单位税额。为此，若计算大气、水污染物的应纳环保税，需要了解各地省级人大常委会公布的具体适用税额标准。

第八步：计算应纳环境保护税额。

计算依据乘以具体适用税额，就是应纳环境保护税额。

第九步：计算减免税额。

1. 《环境保护税法》第十二条规定，（1）农业生产（不包括规模化养殖）排放应税污染物的；（2）机动车、铁路机车、非道路移动机械、船舶和航空器等流动污染源排放应税污染物的；（3）依法设立的城乡污水集中处理、生活垃圾集中处理场所排放相应应税污染物，不超过国家和地方规定的排放标准的；（4）纳税人综合利用的固体废物，符合国家和地方环境保护标准的，免征环境保护税。其中对流动污染源、农业生产排放，根据总局的相关精神，不申报免税即可。但对于后两项都需要申报。

2. 对大气污染物、水污染物若排放浓度低于国家或地方标准一定幅度，可以减征环境保护税，但需要填报减免税相关申报表格，主要为监测浓度、浓度标准等数据。

通过本步骤的计算，可知企业符合条件的环境保护税减免征额为多少。

第十步：计算实际缴纳的环境保护税。

第八步计算的税额减去第九步计算的减免税额之差，即为本企业本季度应实际缴纳的环境保护税。

二、先计算后填报申报表

根据《环境保护税法》规定，对大气、水污染物，征收环境保护税的项目，依据其污染当量数大小排序后，仅征收前三项或前五项。即纳税申报时，同一排放口大气、水污染物填报的数据应不超过 3 项或 5 项。但是污染物监测时，多数会超过 5 项。所以，在填报环境保护税纳税申报表时，需要先行计算并确定最终填报的项目后，才正式填报相关附表。

三、纳税申报表的填报逻辑

（一）不属于直接向环境排放者，无须纳税申报

《环境保护税法》规定，直接向环境排放应税污染物的企业事业单位和其他生产经营者为环境保护税的纳税人。若依据《环境保护税法》规定，不属于直接向环境排放应税污染物，即不是环境保护税的纳税人，进而无环境保护税的纳税申报义务。

根据《环境保护税法》及其实施条例规定，有三种情况不属于直接向环境排放应税污染物：

1. 向依法设立的污水集中处理、生活垃圾集中处理场所排放应税污染物；

2. 在符合国家和地方环境保护标准的设施、场所贮存或者处置固体废物；

3. 依法对畜禽养殖废弃物进行综合利用和无害化处理。

即：此三种情况下的企业事业单位及其他生产经营者，无需向税务机关申报环境保护税。

（二）免税者也须纳税申报

免征环境保护税，只是免除了实际缴纳环境保护税的义务，但并未免除其纳税申报义务。该类纳税人，特别是城乡污水集中处理、生活垃圾集中处理场所和综合利用固体废物，均需要在《财产和行为税减免税明细申报附表》填列相关信息，以便国家统计该项免税政策实际免征税额及纳税人取得实际的免税利益。

（三）仅须填列明细表

根据《国家税务总局关于简并税费申报有关事项的公告》（国家税务总局公告2021年第9号）所附《财产和行为税纳税申报表》填报说明，《财产和行为税纳税申报表》根据税源明细表自动生成，申报前须填写税源明细表，但还附有《财产和行为税减免税明细申报附表》。所以，所有环境保护税纳税人都仅均须填报《环境保护税税源明细表》和《财产和行为税减免税明细申报附表》。

四、享受低浓度排放税收优惠，做好浓度计算，注意浓度限制

相对排污费而言，环境保护税征管模式为：企业自行申报、税务税款征收、税环信息共享、稽查环保配合。特别是企业自行申报，将依法、准确申报的责任"归还"给了企业。具体到享受低浓度排放税收优惠，需要注意浓度计算准确性及限制条件等问题。

第十一章 环境保护税计算申报注意事项

(一) 浓度计算（如图 11-1 所示）

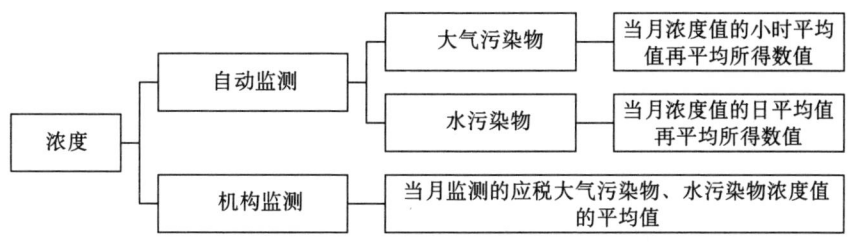

图 11-1 浓度计算分类图

(二) 限制条件

应税大气污染物浓度值的小时平均值或者应税水污染物浓度值的日平均值，以及监测机构当月每次监测的应税大气污染物、水污染物的浓度值，均不得超过国家和地方规定的污染物排放标准。

如果纳税人申报享受低浓度排放税收优惠，需要准确计算大气、水污染物浓度值，且注意相关浓度值不超过国家和地方规定的污染物排放标准。

五、妥善保管应税污染物监测和管理的有关资料

环境保护税改排污费的核定征收为企业自行申报，申报数据是否真实、准确，只有企业"知晓"。特别是自行（手工）监测的相关基础数据，是否真实、全面、准确，税务机关难以即时审核。所以，需要纳税人妥善保管应税污染物监测和管理的有关资料，在主管税务机关要求提供时，证明自己的计算、申报真实、准确。

第三篇
环境保护税对税务机关、纳税人的影响及应对建议

第十二章

环境保护税对税务机关的挑战及应对建议

一、对税务机关的挑战

环境保护税作为一个新税种，其独特的环境保护技术门槛，对税务机关工作提出了极大挑战。

（一）申报审核难度大

环境保护税的征税对象包括"环境保护税税目税额表""应税污染物和当量值表"中规定的大气污染物、水污染物、固体废物和噪声。这些征税对象不是资金流动，更无稳定的实物形态，税务机关传统的现金、发票、实物以及账簿管理监控手段没了用武之地，这给税务机关申报审核带来了较大困难。

（二）跨部门合作难度大

跨部门合作，从来不是易事。与契税等税种强调跨部门数据的简单交接不同，环境保护税更注重环境保护部门和税务机关的深度合作。《环境保护税法》规定，应税大气污染物和水污染物的计税依据按照污染物排放量折合的污染当量数确定；应税固体废物计税依据按照其排放量确定；应税噪声按照超过国家规定标准的分贝数确定。虽然《税收征收管理法》规定，纳税人需如实办理纳税申报，报送相关资料。但其申报准确与否、是否全面、有无错误等都需要由有权机关进一步核实。鉴于部门分工及专业限制，税务机关必须借助环境保护部门的力量，寻求其支持配合，加大了风险评估难度。

(三) 风险评估难度大

污染行为稍纵即逝，彼时污染物排放，此时污染物不排放。要想参照其他税种，建立风险评估模型需要做的工作较多。至少要收集足够多的往期数据（包括排污费制度下的相关数据），进而建立风险分析模型。但现在看来难度较大，特别是排污费时的部分数据，因各种主客观原因难以取得，不利于数据的纵向比对。

二、税务机关应对建议

(一) 夯实环境保护税基础数据

"数据管税"是税收征管的基础思路和大趋势，当前环境保护税的数据主要在纳税人和环境保护部门。

1. 督促纳税人及时填报"环境保护税基础信息采集表"。

据笔者观察，纳税人填报基础信息表的积极性不高。一是不知填报，准确地说，部分纳税人就不知道有环境保护税或知道环境保护税但认为和自己企业无关，因为此前没有缴过排污费，所以不去填报。二是不想填报，部分纳税人觉得基础信息表填报得越完整、越准确，对自己越不利，可能会产生更多的税费或其他麻烦，所以不想填报。三是难填报，大多数纳税人，特别是财务人员，对"费改税"的背景及环境保护税的执法刚性是了解的，知道应如实、及时填报基础信息表。但填报基础信息表，若无环境保护专业人士指导，很难填报完整、准确。填报不全或不准有税务风险，又这么难，索性不填报。

2. 协调环境保护部门做好数据交接。

根据国家税务总局要求，环境保护部门应向税务部门移交2016年以来的排污费缴纳单位基本信息、污染物排放数据、排污量核算方法、排污许可证发放信息、排污费征收数据等。据了解，部分环境保护部门的原始数据不齐全，甚至只有部分纸质资料，为数据接收、系统录入增加了不少困难。这需要税务机关领导层和对接的环境保护部门多沟通，两部门共同

第十二章 环境保护税对税务机关的挑战及应对建议

努力才能将数据尽量补充完整。

(二) 加强环境保护税学习、研究

学习环境保护税最大的障碍就是环境保护专业技术名词及原理。多去了解环境保护法律规定、执法实务，会发现环境保护税不再那么晦涩难懂。可以通过多向环境保护行业的专业人士请教、翻阅环境保护专业书籍、浏览环境保护专业网站等方式了解、学习环境保护专业知识。各地税务机关邀请当地环境保护部门专家培训，也是一种有效的学习方式。

(三) 梳理排污费相关批复、通知文件

既然环境保护税是"平移"排污费制度而来，未来环境保护税征收管理过程中遇到的问题，可能在排污费征收过程中已经出现过。通过梳理国家环境保护部及各省级环境保护厅（局）此前下发的排污费相关批复或通知，或可为环境保护税征收管理过程中遇到的些许问题提供解决思路。

(四) 尽快构建环境保护税征管配套政策

环境保护税顺利开征，仅有《环境保护税法》《环境保护税法实施条例》是不够的。至少要在抽样测算方法、核定征收办法、联合稽查程序等方面尽快出台规范，以便全面落实《环境保护税法》的各项规定。

另外，现行税收征管法规定偷税认定的情形，包括纳税人伪造、变造、隐匿、擅自销毁账簿、记账凭证，或者在账簿上多列支出或者不列、少列收入，或者经税务机关通知申报而拒不申报，或者进行虚假的纳税申报行为。具体到环境保护税，有关账簿、支出和收入方面的情形与环境保护税逃税基本没有关联，而经税务机关通知申报而拒不申报或者进行虚假的纳税申报行为不足以认定环境保护税的偷税行为。所以，急切需要修改《税收征收管理法》关于偷税的相关规定。

第十三章

环境保护税对纳税人的影响及应对建议

一、对纳税人的影响

(一) 税 (费) 额标准提高

按照2014年9月《国家发展和改革委员会 财政部 环境保护部关于调整排污费征收标准等有关问题的通知》要求，全国31个省、自治区、直辖市已于2015年6月底前，将大气和水污染物的排污费标准分别调整至不低于每污染当量1.2元和1.4元，即在2003年基础上上调1倍。其中，北京调整后的收费标准是最低标准的8—9倍；天津调整后的收费标准是最低标准的5—7倍；上海分三步调整至最低标准的3—6.5倍；江苏分两步调整至最低标准的3—4倍；河北分三步调整至最低标准的2—5倍。对比环境保护税的标准会发现，上述省、市均有不同程度增加。

试举如下几例：

1. 北京。

应税大气污染物适用税额为每污染当量12元，应税水污染物适用税额为每污染当量14元。

较此前的8—9倍，又增加了1—2倍。

2. 天津。

应税大气污染物适用税额为10元/污染当量，应税水污染物适用税额为12元/污染当量。较此前的5—7倍，又增加了2倍左右。

3. 上海。

2018年1月1日起,二氧化硫、氮氧化物的税额标准分别为6.65元/污染当量、7.6元/污染当量;其他大气污染物的税额标准为1.2元/污染当量;2019年1月1日起,二氧化硫、氮氧化物的税额标准分别调整为7.6元/污染当量、8.55元/污染当量。应税水污染物适用税额标准:2018年1月1日起,化学需氧量税额标准为5元/污染当量,氨氮税额标准为4.8元/污染当量,第一类水污染物税额标准为1.4元/污染当量;其他类水污染物税额标准为1.4元/污染当量。

较此前的分三步调整至最低标准的3—6.5倍,步伐加快。

4. 江苏。

(1) 大气污染物税额标准。

南京市为每污染当量8.4元;无锡市、常州市、苏州市、镇江市为每污染当量6元;徐州市、南通市、连云港市、淮安市、盐城市、扬州市、泰州市、宿迁市为每污染当量4.8元。

(2) 水污染物税额标准。

南京市为每污染当量8.4元;无锡市、常州市、苏州市、镇江市为每污染当量7元;徐州市、南通市、连云港市、淮安市、盐城市、扬州市、泰州市、宿迁市为每污染当量5.6元。

较此前的最低标准的3—4倍,又增加了1—2倍。

5. 河北。

(1) 与北京相邻的13个县(市、区)的税额标准为:大气中的主要污染物执行每污染当量9.6元,水中的主要污染物执行每污染当量11.2元;大气和水中的其他污染物分别执行每污染当量4.8元和每污染当量5.6元。

(2) 石家庄、保定、廊坊和定州、辛集市(不含执行一档税额的区域)的税额标准为:大气中的主要污染物执行每污染当量6元,水中的主要污染物执行每污染当量 7 元,大气和水中的其他污染物分别执行每污染当量 4.8 元和每污染当量 5.6 元。

(3) 唐山、秦皇岛、沧州、张家口、承德、衡水、邢台、邯郸市的税额标准为:大气污染物中的主要污染物和其他污染物均执行每污染当量 4.8 元,水污染物中的主要污染物和其他污染物均执行每污染当量 5.6 元。

分别按照国家规定最低标准的 8 倍、5 倍、4 倍执行。较此前的分三步调整至最低标准的 2—5 倍,又增加了 2—6 倍。

(二)财务人员计算、申报负担加重

缴纳排污费时,财务人员仅需要自接到《排污费缴纳通知单》之日起 7 日内,将排污费缴到指定的银行并持银行回单做账即可。环境保护税下,每季度初企业财务人员都需要在"金税三期"申报模块,填报相关申报表及附表。申报前,还需要根据获得的监测数据确定应税污染物种类、数量,甚至浓度值等数值。在后期税务稽查时,还需要面对提供纳税申报基础数据资料和接受税务稽查处理等问题。

(三)计算、申报难度大

此前财务人员面对的是企业的资金流水等书面化信息,并据此进行记账、报税、出报表等工作。环境保护税下,计税依据的基础数据产生于生产过程,且多封闭进行,不在财务部产生,甚至可以不在财务部归集,特别是理解部分专业环保术语对绝大多数财务人员构成极大的挑战,想准确计算应当缴纳的环境保护税,难度会比较大。

二、如何应对

环境保护税一定程度上加重企业税费负担,加大财务人员工作压力,既是一个挑战也是重要机遇。纳税人该如何应对?

(一)企业要重视环境保护,减少污染物排放

"减少污染物排放"是《环境保护税法》的立法目的,在该法第一条

更是开宗明义，直接予以说明。环境保护税以污染物排放量为计税依据，"多排污多缴税、少排污少缴税"。通过税收手段，配合环境保护设备及技术的财政支持、税收优惠、舆论引导等手段，逼迫和引导企业转型升级或加大环境保护投入，保护和改善环境，推进生态文明建设。应对环境保护税，要认识其重要意义，重视环境保护。

（二）建立企业内跨部门协作机制

环境保护税实行企业自主申报制度，加大了企业财务人员计算、申报责任。若不能建立起财务部门、生产部门、安环部门等多部门的信息共享机制，仅凭财务人员难以有效胜任此工作。所以，建议在企业副总级以上管理人员的领导下，建立财务部门、生产部门、安环部门等部门领导参加的联席会议制度，建立跨部门移交数据规程，明确生产、安环部门向财务人员交接数据的类型、格式、时限；明确财务人员及时全面计算申报环境保护税的责任；明确生产、安环部门人员和财务人员之间的配合支持原则及注意事项。

（三）加强学习（培训），树立正确观念

《环境保护税法》于 2016 年 12 月 25 日颁布，但时隔一年后才于 2018 年 1 月 1 日起正式施行，目的就是想给广大纳税人以充足的时间进行了解、学习、准备。以笔者观察，当前广大纳税人对环境保护税的了解还不深入，部分纳税人甚至还不知有此税法颁布、实施。纳税人还需要去了解、学习该税法，做到知法、守法、护法。

在此，强调以下两点：

1. 部分纳税人认为环境保护税第一次申报在 2018 年 4 月初，距今还有时日，申报时去了解、学习还来得及。这一想法是不对的，环境保护税是按季申报，但别忽略了"按月计算、按季申报"。待到 4 月初申报时，月度数据从何而来？

2. 环境保护税虽是从排污费"平移"而来，但现在它是税法了！税法的遵从要求更高，违法成本也更大。轻则罚款、滞纳金；重则有刑事责任风险。"费改税"，此税已非"费"！

附 录

附录一

中华人民共和国水污染防治法

（1984年5月11日第六届全国人民代表大会常务委员会第五次会议通过。根据1996年5月15日第八届全国人民代表大会常务委员会第十九次会议《关于修改〈中华人民共和国水污染防治法〉的决定》第一次修正；2008年2月28日第十届全国人民代表大会常务委员会第三十二次会议修订；根据2017年6月27日第十二届全国人民代表大会常务委员会第二十八次会议《关于修改〈中华人民共和国水污染防治法〉的决定》第二次修正）

第一章 总 则

第一条 为了保护和改善环境，防治水污染，保护水生态，保障饮用水安全，维护公众健康，推进生态文明建设，促进经济社会可持续发展，制定本法。

第二条 本法适用于中华人民共和国领域内的江河、湖泊、运河、渠道、水库等地表水体以及地下水体的污染防治。

海洋污染防治适用《中华人民共和国海洋环境保护法》。

第三条 水污染防治应当坚持预防为主、防治结合、综合治理的原则，优先保护饮用水水源，严格控制工业污染、城镇生活污染，防治农业面源污染，积极推进生态治理工程建设，预防、控制和减少水环境污染和生态破坏。

第四条 县级以上人民政府应当将水环境保护工作纳入国民经济和社会发展规划。

地方各级人民政府对本行政区域的水环境质量负责，应当及时采取措施防治水污染。

第五条 省、市、县、乡建立河长制，分级分段组织领导本行政区域内江河、湖泊的水资源保护、水域岸线管理、水污染防治、水环境治理等工作。

第六条 国家实行水环境保护目标责任制和考核评价制度，将水环境保护目标完成情况作为对地方人民政府及其负责人考核评价的内容。

第七条 国家鼓励、支持水污染防治的科学技术研究和先进适用技术的推广应用，加强水环境保护的宣传教育。

第八条 国家通过财政转移支付等方式，建立健全对位于饮用水水源保护区区域和江河、湖泊、水库上游地区的水环境生态保护补偿机制。

第九条 县级以上人民政府环境保护主管部门对水污染防治实施统一监督管理。

交通主管部门的海事管理机构对船舶污染水域的防治实施监督管理。

县级以上人民政府水行政、国土资源、卫生、建设、农业、渔业等部门以及重要江河、湖泊的流域水资源保护机构，在各自的职责范围内，对有关水污染防治实施监督管理。

第十条 排放水污染物，不得超过国家或者地方规定的水污染物排放标准和重点水污染物排放总量控制指标。

第十一条 任何单位和个人都有义务保护水环境，并有权对污染损害水环境的行为进行检举。

县级以上人民政府及其有关主管部门对在水污染防治工作中做出显著成绩的单位和个人给予表彰和奖励。

第二章 水污染防治的标准和规划

第十二条 国务院环境保护主管部门制定国家水环境质量标准。

省、自治区、直辖市人民政府可以对国家水环境质量标准中未作规定的项目，制定地方标准，并报国务院环境保护主管部门备案。

第十三条　国务院环境保护主管部门会同国务院水行政主管部门和有关省、自治区、直辖市人民政府，可以根据国家确定的重要江河、湖泊流域水体的使用功能以及有关地区的经济、技术条件，确定该重要江河、湖泊流域的省界水体适用的水环境质量标准，报国务院批准后施行。

第十四条　国务院环境保护主管部门根据国家水环境质量标准和国家经济、技术条件，制定国家水污染物排放标准。

省、自治区、直辖市人民政府对国家水污染物排放标准中未作规定的项目，可以制定地方水污染物排放标准；对国家水污染物排放标准中已作规定的项目，可以制定严于国家水污染物排放标准的地方水污染物排放标准。地方水污染物排放标准须报国务院环境保护主管部门备案。

向已有地方水污染物排放标准的水体排放污染物的，应当执行地方水污染物排放标准。

第十五条　国务院环境保护主管部门和省、自治区、直辖市人民政府，应当根据水污染防治的要求和国家或者地方的经济、技术条件，适时修订水环境质量标准和水污染物排放标准。

第十六条　防治水污染应当按流域或者按区域进行统一规划。国家确定的重要江河、湖泊的流域水污染防治规划，由国务院环境保护主管部门会同国务院经济综合宏观调控、水行政等部门和有关省、自治区、直辖市人民政府编制，报国务院批准。

前款规定外的其他跨省、自治区、直辖市江河、湖泊的流域水污染防治规划，根据国家确定的重要江河、湖泊的流域水污染防治规划和本地实际情况，由有关省、自治区、直辖市人民政府环境保护主管部门会同同级水行政等部门和有关市、县人民政府编制，经有关省、自治区、直辖市人民政府审核，报国务院批准。

省、自治区、直辖市内跨县江河、湖泊的流域水污染防治规划，根据国家确定的重要江河、湖泊的流域水污染防治规划和本地实际情况，由省、自治区、直辖市人民政府环境保护主管部门会同同级水行政等部门编制，报省、自治区、直辖市人民政府批准，并报国务院备案。

经批准的水污染防治规划是防治水污染的基本依据，规划的修订须经原批准机关批准。

县级以上地方人民政府应当根据依法批准的江河、湖泊的流域水污染防治规划，组织制定本行政区域的水污染防治规划。

第十七条 有关市、县级人民政府应当按照水污染防治规划确定的水环境质量改善目标的要求，制定限期达标规划，采取措施按期达标。

有关市、县级人民政府应当将限期达标规划报上一级人民政府备案，并向社会公开。

第十八条 市、县级人民政府每年在向本级人民代表大会或者其常务委员会报告环境状况和环境保护目标完成情况时，应当报告水环境质量限期达标规划执行情况，并向社会公开。

第三章 水污染防治的监督管理

第十九条 新建、改建、扩建直接或者间接向水体排放污染物的建设项目和其他水上设施，应当依法进行环境影响评价。

建设单位在江河、湖泊新建、改建、扩建排污口的，应当取得水行政主管部门或者流域管理机构同意；涉及通航、渔业水域的，环境保护主管部门在审批环境影响评价文件时，应当征求交通、渔业主管部门的意见。

建设项目的水污染防治设施，应当与主体工程同时设计、同时施工、同时投入使用。水污染防治设施应当符合经批准或者备案的环境影响评价文件的要求。

第二十条 国家对重点水污染物排放实施总量控制制度。

重点水污染物排放总量控制指标,由国务院环境保护主管部门在征求国务院有关部门和各省、自治区、直辖市人民政府意见后,会同国务院经济综合宏观调控部门报国务院批准并下达实施。

省、自治区、直辖市人民政府应当按照国务院的规定削减和控制本行政区域的重点水污染物排放总量。具体办法由国务院环境保护主管部门会同国务院有关部门规定。

省、自治区、直辖市人民政府可以根据本行政区域水环境质量状况和水污染防治工作的需要,对国家重点水污染物之外的其他水污染物排放实行总量控制。

对超过重点水污染物排放总量控制指标或者未完成水环境质量改善目标的地区,省级以上人民政府环境保护主管部门应当会同有关部门约谈该地区人民政府的主要负责人,并暂停审批新增重点水污染物排放总量的建设项目的环境影响评价文件。约谈情况应当向社会公开。

第二十一条 直接或者间接向水体排放工业废水和医疗污水以及其他按照规定应当取得排污许可证方可排放的废水、污水的企业事业单位和其他生产经营者,应当取得排污许可证;城镇污水集中处理设施的运营单位,也应当取得排污许可证。排污许可证应当明确排放水污染物的种类、浓度、总量和排放去向等要求。排污许可的具体办法由国务院规定。

禁止企业事业单位和其他生产经营者无排污许可证或者违反排污许可证的规定向水体排放前款规定的废水、污水。

第二十二条 向水体排放污染物的企业事业单位和其他生产经营者,应当按照法律、行政法规和国务院环境保护主管部门的规定设置排污口;在江河、湖泊设置排污口的,还应当遵守国务院水行政主管部门的规定。

第二十三条 实行排污许可管理的企业事业单位和其他生产经营者应当按照国家有关规定和监测规范,对所排放的水污染物自行监测,并保存原始监测记录。重点排污单位还应当安装水污染物排放自动监测设备，与环境保护主管部门的监控设备联网，并保证监测设备正常运行。具体办法由国务院环境保护主管部门规定。

应当安装水污染物排放自动监测设备的重点排污单位名录，由设区的市级以上地方人民政府环境保护主管部门根据本行政区域的环境容量、重点水污染物排放总量控制指标的要求以及排污单位排放水污染物的种类、数量和浓度等因素，商同级有关部门确定。

第二十四条 实行排污许可管理的企业事业单位和其他生产经营者应当对监测数据的真实性和准确性负责。

环境保护主管部门发现重点排污单位的水污染物排放自动监测设备传输数据异常，应当及时进行调查。

第二十五条 国家建立水环境质量监测和水污染物排放监测制度。国务院环境保护主管部门负责制定水环境监测规范，统一发布国家水环境状况信息，会同国务院水行政等部门组织监测网络，统一规划国家水环境质量监测站（点）的设置，建立监测数据共享机制，加强对水环境监测的管理。

第二十六条 国家确定的重要江河、湖泊流域的水资源保护工作机构负责监测其所在流域的省界水体的水环境质量状况，并将监测结果及时报国务院环境保护主管部门和国务院水行政主管部门；有经国务院批准成立的流域水资源保护领导机构的，应当将监测结果及时报告流域水资源保护领导机构。

第二十七条 国务院有关部门和县级以上地方人民政府开发、利用和调节、调度水资源时，应当统筹兼顾，维持江河的合理流量和湖泊、水库以及地下水体的合理水位，保障基本生态用水，维护水体的生态功能。

第二十八条 国务院环境保护主管部门应当会同国务院水行政等部门和有关省、自治区、直辖市人民政府，建立重要江河、湖泊的流域水环境保护联合协调机制，实行统一规划、统一标准、统一监测、统一的防治措施。

第二十九条 国务院环境保护主管部门和省、自治区、直辖市人民政府环境保护主管部门应当会同同级有关部门根据流域生态环境功能需要，明确流域生态环境保护要求，组织开展流域环境资源承载能力监测、评价，实施流域环境资源承载能力预警。

县级以上地方人民政府应当根据流域生态环境功能需要，组织开展江河、湖泊、湿地保护与修复，因地制宜建设人工湿地、水源涵养林、沿河沿湖植被缓冲带和隔离带等生态环境治理与保护工程，整治黑臭水体，提高流域环境资源承载能力。

从事开发建设活动，应当采取有效措施，维护流域生态环境功能，严守生态保护红线。

第三十条 环境保护主管部门和其他依照本法规定行使监督管理权的部门，有权对管辖范围内的排污单位进行现场检查，被检查的单位应当如实反映情况，提供必要的资料。检查机关有义务为被检查的单位保守在检查中获取的商业秘密。

第三十一条 跨行政区域的水污染纠纷，由有关地方人民政府协商解决，或者由其共同的上级人民政府协调解决。

第四章 水污染防治措施

第一节 一般规定

第三十二条 国务院环境保护主管部门应当会同国务院卫生主管部门，根据对公众健康和生态环境的危害和影响程度，公布有毒有害水污染物名录，实行风险管理。

排放前款规定名录中所列有毒有害水污染物的企业事业单位和其他生产经营者，应当对排污口和周边环境进行监测，评估环境风险，排查环境安全隐患，并公开有毒有害水污染物信息，采取有效措施防范环境风险。

第三十三条 禁止向水体排放油类、酸液、碱液或者剧毒废液。

禁止在水体清洗装贮过油类或者有毒污染物的车辆和容器。

第三十四条 禁止向水体排放、倾倒放射性固体废物或者含有高放射性和中放射性物质的废水。

向水体排放含低放射性物质的废水，应当符合国家有关放射性污染防治的规定和标准。

第三十五条 向水体排放含热废水，应当采取措施，保证水体的水温符合水环境质量标准。

第三十六条 含病原体的污水应当经过消毒处理；符合国家有关标准后，方可排放。

第三十七条 禁止向水体排放、倾倒工业废渣、城镇垃圾和其他废弃物。

禁止将含有汞、镉、砷、铬、铅、氰化物、黄磷等的可溶性剧毒废渣向水体排放、倾倒或者直接埋入地下。

存放可溶性剧毒废渣的场所，应当采取防水、防渗漏、防流失的措施。

第三十八条 禁止在江河、湖泊、运河、渠道、水库最高水位线以下的滩地和岸坡堆放、存贮固体废弃物和其他污染物。

第三十九条 禁止利用渗井、渗坑、裂隙、溶洞，私设暗管，篡改、伪造监测数据，或者不正常运行水污染防治设施等逃避监管的方式排放水污染物。

第四十条 化学品生产企业以及工业集聚区、矿山开采区、尾矿库、危险废物处置场、垃圾填埋场等的运营、管理单位，应当采取防渗漏等措施，并建设地下水水质监测井进行监测，防止地下水污染。

加油站等的地下油罐应当使用双层罐或者采取建造防渗池等其他有效措施，并进行防渗漏监测，防止地下水污染。

禁止利用无防渗漏措施的沟渠、坑塘等输送或者存贮含有毒污染物的废水、含病原体的污水和其他废弃物。

第四十一条 多层地下水的含水层水质差异大的，应当分层开采；对已受污染的潜水和承压水，不得混合开采。

第四十二条 兴建地下工程设施或者进行地下勘探、采矿等活动，应当采取防护性措施，防止地下水污染。

报废矿井、钻井或者取水井等，应当实施封井或者回填。

第四十三条 人工回灌补给地下水，不得恶化地下水质。

第二节 工业水污染防治

第四十四条 国务院有关部门和县级以上地方人民政府应当合理规划工业布局，要求造成水污染的企业进行技术改造，采取综合防治措施，提高水的重复利用率，减少废水和污染物排放量。

第四十五条 排放工业废水的企业应当采取有效措施，收集和处理产生的全部废水，防止污染环境。含有毒有害水污染物的工业废水应当分类收集和处理，不得稀释排放。

工业集聚区应当配套建设相应的污水集中处理设施，安装自动监测设备，与环境保护主管部门的监控设备联网，并保证监测设备正常运行。

向污水集中处理设施排放工业废水的，应当按照国家有关规定进行预处理，达到集中处理设施处理工艺要求后方可排放。

第四十六条 国家对严重污染水环境的落后工艺和设备实行淘汰制度。

国务院经济综合宏观调控部门会同国务院有关部门，公布限期禁止采用的严重污染水环境的工艺名录和限期禁止生产、销售、进口、使用的严重污染水环境的设备名录。

生产者、销售者、进口者或者使用者应当在规定的期限内停止生产、销售、进口或者使用列入前款规定的设备名录中的设备。工艺的采用者应当在规定的期限内停止采用列入前款规定的工艺名录中的工艺。

依照本条第二款、第三款规定被淘汰的设备，不得转让给他人使用。

第四十七条 国家禁止新建不符合国家产业政策的小型造纸、制革、印染、染料、炼焦、炼硫、炼砷、炼汞、炼油、电镀、农药、石棉、水泥、玻璃、钢铁、火电以及其他严重污染水环境的生产项目。

第四十八条 企业应当采用原材料利用效率高、污染物排放量少的清洁工艺，并加强管理，减少水污染物的产生。

第三节 城镇水污染防治

第四十九条 城镇污水应当集中处理。

县级以上地方人民政府应当通过财政预算和其他渠道筹集资金，统筹安排建设城镇污水集中处理设施及配套管网，提高本行政区域城镇污水的收集率和处理率。

国务院建设主管部门应当会同国务院经济综合宏观调控、环境保护主管部门，根据城乡规划和水污染防治规划，组织编制全国城镇污水处理设施建设规划。县级以上地方人民政府组织建设、经济综合宏观调控、环境保护、水行政等部门编制本行政区域的城镇污水处理设施建设规划。县级以上地方人民政府建设主管部门应当按照城镇污水处理设施建设规划，组织建设城镇污水集中处理设施及配套管网，并加强对城镇污水集中处理设施运营的监督管理。

城镇污水集中处理设施的运营单位按照国家规定向排污者提供污水处理的有偿服务，收取污水处理费用，保证污水集中处理设施的正常运行。

收取的污水处理费用应当用于城镇污水集中处理设施的建设运行和污泥处理处置，不得挪作他用。

城镇污水集中处理设施的污水处理收费、管理以及使用的具体办法，由国务院规定。

第五十条　向城镇污水集中处理设施排放水污染物，应当符合国家或者地方规定的水污染物排放标准。

城镇污水集中处理设施的运营单位，应当对城镇污水集中处理设施的出水水质负责。

环境保护主管部门应当对城镇污水集中处理设施的出水水质和水量进行监督检查。

第五十一条　城镇污水集中处理设施的运营单位或者污泥处理处置单位应当安全处理处置污泥，保证处理处置后的污泥符合国家标准，并对污泥的去向等进行记录。

第四节　农业和农村水污染防治

第五十二条　国家支持农村污水、垃圾处理设施的建设，推进农村污水、垃圾集中处理。

地方各级人民政府应当统筹规划建设农村污水、垃圾处理设施，并保障其正常运行。

第五十三条　制定化肥、农药等产品的质量标准和使用标准，应当适应水环境保护要求。

第五十四条　使用农药，应当符合国家有关农药安全使用的规定和标准。

运输、存贮农药和处置过期失效农药，应当加强管理，防止造成水污染。

第五十五条 县级以上地方人民政府农业主管部门和其他有关部门，应当采取措施，指导农业生产者科学、合理地施用化肥和农药，推广测土配方施肥技术和高效低毒低残留农药，控制化肥和农药的过量使用，防止造成水污染。

第五十六条 国家支持畜禽养殖场、养殖小区建设畜禽粪便、废水的综合利用或者无害化处理设施。

畜禽养殖场、养殖小区应当保证其畜禽粪便、废水的综合利用或者无害化处理设施正常运转，保证污水达标排放，防止污染水环境。

畜禽散养密集区所在地县、乡级人民政府应当组织对畜禽粪便污水进行分户收集、集中处理利用。

第五十七条 从事水产养殖应当保护水域生态环境，科学确定养殖密度，合理投饵和使用药物，防止污染水环境。

第五十八条 农田灌溉用水应当符合相应的水质标准，防止污染土壤、地下水和农产品。

禁止向农田灌溉渠道排放工业废水或者医疗污水。向农田灌溉渠道排放城镇污水以及未综合利用的畜禽养殖废水、农产品加工废水的，应当保证其下游最近的灌溉取水点的水质符合农田灌溉水质标准。

第五节 船舶水污染防治

第五十九条 船舶排放含油污水、生活污水，应当符合船舶污染物排放标准。从事海洋航运的船舶进入内河和港口的，应当遵守内河的船舶污染物排放标准。

船舶的残油、废油应当回收，禁止排入水体。

禁止向水体倾倒船舶垃圾。

船舶装载运输油类或者有毒货物，应当采取防止溢流和渗漏的措施，防止货物落水造成水污染。

进入中华人民共和国内河的国际航线船舶排放压载水的,应当采用压载水处理装置或者采取其他等效措施,对压载水进行灭活等处理。禁止排放不符合规定的船舶压载水。

第六十条 船舶应当按照国家有关规定配置相应的防污设备和器材,并持有合法有效的防止水域环境污染的证书与文书。

船舶进行涉及污染物排放的作业,应当严格遵守操作规程,并在相应的记录簿上如实记载。

第六十一条 港口、码头、装卸站和船舶修造厂所在地市、县级人民政府应当统筹规划建设船舶污染物、废弃物的接收、转运及处理处置设施。

港口、码头、装卸站和船舶修造厂应当备有足够的船舶污染物、废弃物的接收设施。从事船舶污染物、废弃物接收作业,或者从事装载油类、污染危害性货物船舱清洗作业的单位,应当具备与其运营规模相适应的接收处理能力。

第六十二条 船舶及有关作业单位从事有污染风险的作业活动,应当按照有关法律法规和标准,采取有效措施,防止造成水污染。海事管理机构、渔业主管部门应当加强对船舶及有关作业活动的监督管理。

船舶进行散装液体污染危害性货物的过驳作业,应当编制作业方案,采取有效的安全和污染防治措施,并报作业地海事管理机构批准。

禁止采取冲滩方式进行船舶拆解作业。

第五章 饮用水水源和其他特殊水体保护

第六十三条 国家建立饮用水水源保护区制度。饮用水水源保护区分为一级保护区和二级保护区;必要时,可以在饮用水水源保护区外围划定一定的区域作为准保护区。

饮用水水源保护区的划定,由有关市、县人民政府提出划定方案,报省、自治区、直辖市人民政府批准;跨市、县饮用水水源保护区的划定,由有关市、县人民政府协商提出划定方案,报省、自治区、直辖市人民政府批准;协商不成的,由省、自治区、直辖市人民政府环境保护主管部门会同同级水行政、国土资源、卫生、建设等部门提出划定方案,征求同级有关部门的意见后,报省、自治区、直辖市人民政府批准。

跨省、自治区、直辖市的饮用水水源保护区,由有关省、自治区、直辖市人民政府商有关流域管理机构划定;协商不成的,由国务院环境保护主管部门会同同级水行政、国土资源、卫生、建设等部门提出划定方案,征求国务院有关部门的意见后,报国务院批准。

国务院和省、自治区、直辖市人民政府可以根据保护饮用水水源的实际需要,调整饮用水水源保护区的范围,确保饮用水安全。有关地方人民政府应当在饮用水水源保护区的边界设立明确的地理界标和明显的警示标志。

第六十四条 在饮用水水源保护区内,禁止设置排污口。

第六十五条 禁止在饮用水水源一级保护区内新建、改建、扩建与供水设施和保护水源无关的建设项目;已建成的与供水设施和保护水源无关的建设项目,由县级以上人民政府责令拆除或者关闭。

禁止在饮用水水源一级保护区内从事网箱养殖、旅游、游泳、垂钓或者其他可能污染饮用水水体的活动。

第六十六条 禁止在饮用水水源二级保护区内新建、改建、扩建排放污染物的建设项目;已建成的排放污染物的建设项目,由县级以上人民政府责令拆除或者关闭。

在饮用水水源二级保护区内从事网箱养殖、旅游等活动的,应当按照规定采取措施,防止污染饮用水水体。

第六十七条 禁止在饮用水水源准保护区内新建、扩建对水体污染严重的建设项目;改建建设项目,不得增加排污量。

第六十八条 县级以上地方人民政府应当根据保护饮用水水源的实际需要,在准保护区内采取工程措施或者建造湿地、水源涵养林等生态保护措施,防止水污染物直接排入饮用水水体,确保饮用水安全。

第六十九条 县级以上地方人民政府应当组织环境保护等部门,对饮用水水源保护区、地下水型饮用水水源的补给区及供水单位周边区域的环境状况和污染风险进行调查评估,筛查可能存在的污染风险因素,并采取相应的风险防范措施。

饮用水水源受到污染可能威胁供水安全的,环境保护主管部门应当责令有关企业事业单位和其他生产经营者采取停止排放水污染物等措施,并通报饮用水供水单位和供水、卫生、水行政等部门;跨行政区域的,还应当通报相关地方人民政府。

第七十条 单一水源供水城市的人民政府应当建设应急水源或者备用水源,有条件的地区可以开展区域联网供水。

县级以上地方人民政府应当合理安排、布局农村饮用水水源,有条件的地区可以采取城镇供水管网延伸或者建设跨村、跨乡镇联片集中供水工程等方式,发展规模集中供水。

第七十一条 饮用水供水单位应当做好取水口和出水口的水质检测工作。发现取水口水质不符合饮用水水源水质标准或者出水口水质不符合饮用水卫生标准的,应当及时采取相应措施,并向所在地市、县级人民政府供水主管部门报告。供水主管部门接到报告后,应当通报环境保护、卫生、水行政等部门。

饮用水供水单位应当对供水水质负责,确保供水设施安全可靠运行,保证供水水质符合国家有关标准。

第七十二条 县级以上地方人民政府应当组织有关部门监测、评估本行政区域内饮用水水源、供水单位供水和用户水龙头出水的水质等饮用水安全状况。

县级以上地方人民政府有关部门应当至少每季度向社会公开一次饮用水安全状况信息。

第七十三条 国务院和省、自治区、直辖市人民政府根据水环境保护的需要，可以规定在饮用水水源保护区内，采取禁止或者限制使用含磷洗涤剂、化肥、农药以及限制种植养殖等措施。

第七十四条 县级以上人民政府可以对风景名胜区水体、重要渔业水体和其他具有特殊经济文化价值的水体划定保护区，并采取措施，保证保护区的水质符合规定用途的水环境质量标准。

第七十五条 在风景名胜区水体、重要渔业水体和其他具有特殊经济文化价值的水体的保护区内，不得新建排污口。在保护区附近新建排污口，应当保证保护区水体不受污染。

第六章 水污染事故处置

第七十六条 各级人民政府及其有关部门，可能发生水污染事故的企业事业单位，应当依照《中华人民共和国突发事件应对法》的规定，做好突发水污染事故的应急准备、应急处置和事后恢复等工作。

第七十七条 可能发生水污染事故的企业事业单位，应当制定有关水污染事故的应急方案，做好应急准备，并定期进行演练。

生产、储存危险化学品的企业事业单位，应当采取措施，防止在处理安全生产事故过程中产生的可能严重污染水体的消防废水、废液直接排入水体。

第七十八条 企业事业单位发生事故或者其他突发性事件，造成或者可能造成水污染事故的，应当立即启动本单位的应急方案，采取隔离等应急措施，防止水污染物进入水体，并向事故发生地的县级以上地方人民政府或者环境保护主管部门报告。环境保护主管部门接到报告后,应当及时向本级人民政府报告,并抄送有关部门。

造成渔业污染事故或者渔业船舶造成水污染事故的,应当向事故发生地的渔业主管部门报告,接受调查处理。其他船舶造成水污染事故的,应当向事故发生地的海事管理机构报告,接受调查处理;给渔业造成损害的,海事管理机构应当通知渔业主管部门参与调查处理。

第七十九条 市、县级人民政府应当组织编制饮用水安全突发事件应急预案。

饮用水供水单位应当根据所在地饮用水安全突发事件应急预案,制定相应的突发事件应急方案,报所在地市、县级人民政府备案,并定期进行演练。

饮用水水源发生水污染事故,或者发生其他可能影响饮用水安全的突发性事件,饮用水供水单位应当采取应急处理措施,向所在地市、县级人民政府报告,并向社会公开。有关人民政府应当根据情况及时启动应急预案,采取有效措施,保障供水安全。

第七章 法律责任

第八十条 环境保护主管部门或者其他依照本法规定行使监督管理权的部门,不依法作出行政许可或者办理批准文件的,发现违法行为或者接到对违法行为的举报后不予查处的,或者有其他未依照本法规定履行职责的行为的,对直接负责的主管人员和其他直接责任人员依法给予处分。

第八十一条 以拖延、围堵、滞留执法人员等方式拒绝、阻挠环境保护主管部门或者其他依照本法规定行使监督管理权的部门的监督检查,或者在接受监督检查时弄虚作假的,由县级以上人民政府环境保护主管部门或者其他依照本法规定行使监督管理权的部门责令改正,处二万元以上二十万元以下的罚款。

第八十二条 违反本法规定,有下列行为之一的,由县级以上人民政府环境保护主管部门责令限期改正,处二万元以上二十万元以下的罚款;逾期不改正的,责令停产整治:

(一)未按照规定对所排放的水污染物自行监测,或者未保存原始监测记录的;

(二)未按照规定安装水污染物排放自动监测设备,未按照规定与环境保护主管部门的监控设备联网,或者未保证监测设备正常运行的;

(三)未按照规定对有毒有害水污染物的排污口和周边环境进行监测,或者未公开有毒有害水污染物信息的。

第八十三条 违反本法规定,有下列行为之一的,由县级以上人民政府环境保护主管部门责令改正或者责令限制生产、停产整治,并处十万元以上一百万元以下的罚款;情节严重的,报经有批准权的人民政府批准,责令停业、关闭:

(一)未依法取得排污许可证排放水污染物的;

(二)超过水污染物排放标准或者超过重点水污染物排放总量控制指标排放水污染物的;

(三)利用渗井、渗坑、裂隙、溶洞,私设暗管,篡改、伪造监测数据,或者不正常运行水污染防治设施等逃避监管的方式排放水污染物的;

(四)未按照规定进行预处理,向污水集中处理设施排放不符合处理工艺要求的工业废水的。

第八十四条 在饮用水水源保护区内设置排污口的,由县级以上地方人民政府责令限期拆除,处十万元以上五十万元以下的罚款;逾期不拆除的,强制拆除,所需费用由违法者承担,处五十万元以上一百万元以下的罚款,并可以责令停产整治。

除前款规定外,违反法律、行政法规和国务院环境保护主管部门的规定设置排污口的，由县级以上地方人民政府环境保护主管部门责令限期拆除，处二万元以上十万元以下的罚款；逾期不拆除的，强制拆除，所需费用由违法者承担，处十万元以上五十万元以下的罚款；情节严重的，可以责令停产整治。

未经水行政主管部门或者流域管理机构同意，在江河、湖泊新建、改建、扩建排污口的，由县级以上人民政府水行政主管部门或者流域管理机构依据职权，依照前款规定采取措施、给予处罚。

第八十五条 有下列行为之一的，由县级以上地方人民政府环境保护主管部门责令停止违法行为，限期采取治理措施，消除污染，处以罚款；逾期不采取治理措施的，环境保护主管部门可以指定有治理能力的单位代为治理，所需费用由违法者承担：

（一）向水体排放油类、酸液、碱液的；

（二）向水体排放剧毒废液，或者将含有汞、镉、砷、铬、铅、氰化物、黄磷等的可溶性剧毒废渣向水体排放、倾倒或者直接埋入地下的；

（三）在水体清洗装贮过油类、有毒污染物的车辆或者容器的；

（四）向水体排放、倾倒工业废渣、城镇垃圾或者其他废弃物，或者在江河、湖泊、运河、渠道、水库最高水位线以下的滩地、岸坡堆放、存贮固体废弃物或者其他污染物的；

（五）向水体排放、倾倒放射性固体废物或者含有高放射性、中放射性物质的废水的；

（六）违反国家有关规定或者标准，向水体排放含低放射性物质的废水、热废水或者含病原体的污水的；

（七）未采取防渗漏等措施，或者未建设地下水水质监测井进行监测的；

（八）加油站等的地下油罐未使用双层罐或者采取建造防渗池等其他

有效措施，或者未进行防渗漏监测的；

（九）未按照规定采取防护性措施，或者利用无防渗漏措施的沟渠、坑塘等输送或者存贮含有毒污染物的废水、含病原体的污水或者其他废弃物的。

有前款第三项、第四项、第六项、第七项、第八项行为之一的，处二万元以上二十万元以下的罚款。有前款第一项、第二项、第五项、第九项行为之一的，处十万元以上一百万元以下的罚款；情节严重的，报经有批准权的人民政府批准，责令停业、关闭。

第八十六条　违反本法规定，生产、销售、进口或者使用列入禁止生产、销售、进口、使用的严重污染水环境的设备名录中的设备，或者采用列入禁止采用的严重污染水环境的工艺名录中的工艺的，由县级以上人民政府经济综合宏观调控部门责令改正，处五万元以上二十万元以下的罚款；情节严重的，由县级以上人民政府经济综合宏观调控部门提出意见，报请本级人民政府责令停业、关闭。

第八十七条　违反本法规定，建设不符合国家产业政策的小型造纸、制革、印染、染料、炼焦、炼硫、炼砷、炼汞、炼油、电镀、农药、石棉、水泥、玻璃、钢铁、火电以及其他严重污染水环境的生产项目的，由所在地的市、县人民政府责令关闭。

第八十八条　城镇污水集中处理设施的运营单位或者污泥处理处置单位，处理处置后的污泥不符合国家标准，或者对污泥去向等未进行记录的，由城镇排水主管部门责令限期采取治理措施，给予警告；造成严重后果的，处十万元以上二十万元以下的罚款；逾期不采取治理措施的，城镇排水主管部门可以指定有治理能力的单位代为治理，所需费用由违法者承担。

第八十九条　船舶未配置相应的防污染设备和器材，或者未持有合法有效的防止水域环境污染的证书与文书的，由海事管理机构、渔业主管部门按照职责分工责令限期改正，处二千元以上二万元以下的罚款；逾期不改正的，责令船舶临时停航。

船舶进行涉及污染物排放的作业，未遵守操作规程或者未在相应的记录簿上如实记载的，由海事管理机构、渔业主管部门按照职责分工责令改正，处二千元以上二万元以下的罚款。

第九十条 违反本法规定，有下列行为之一的，由海事管理机构、渔业主管部门按照职责分工责令停止违法行为，处一万元以上十万元以下的罚款；造成水污染的，责令限期采取治理措施，消除污染，处二万元以上二十万元以下的罚款；逾期不采取治理措施的，海事管理机构、渔业主管部门按照职责分工可以指定有治理能力的单位代为治理，所需费用由船舶承担：

（一）向水体倾倒船舶垃圾或者排放船舶的残油、废油的；

（二）未经作业地海事管理机构批准，船舶进行散装液体污染危害性货物的过驳作业的；

（三）船舶及有关作业单位从事有污染风险的作业活动，未按照规定采取污染防治措施的；

（四）以冲滩方式进行船舶拆解的；

（五）进入中华人民共和国内河的国际航线船舶，排放不符合规定的船舶压载水的。

第九十一条 有下列行为之一的，由县级以上地方人民政府环境保护主管部门责令停止违法行为，处十万元以上五十万元以下的罚款；并报经有批准权的人民政府批准，责令拆除或者关闭：

（一）在饮用水水源一级保护区内新建、改建、扩建与供水设施和保护水源无关的建设项目的；

（二）在饮用水水源二级保护区内新建、改建、扩建排放污染物的建设项目的；

（三）在饮用水水源准保护区内新建、扩建对水体污染严重的建设项目，或者改建建设项目增加排污量的。

在饮用水水源一级保护区内从事网箱养殖或者组织进行旅游、垂钓或者其他可能污染饮用水水体的活动的，由县级以上地方人民政府环境保护主管部门责令停止违法行为，处二万元以上十万元以下的罚款。个人在饮用水水源一级保护区内游泳、垂钓或者从事其他可能污染饮用水水体的活动的，由县级以上地方人民政府环境保护主管部门责令停止违法行为，可以处五百元以下的罚款。

第九十二条 饮用水供水单位供水水质不符合国家规定标准的，由所在地市、县级人民政府供水主管部门责令改正，处二万元以上二十万元以下的罚款；情节严重的，报经有批准权的人民政府批准，可以责令停业整顿；对直接负责的主管人员和其他直接责任人员依法给予处分。

第九十三条 企业事业单位有下列行为之一的，由县级以上人民政府环境保护主管部门责令改正；情节严重的，处二万元以上十万元以下的罚款：

（一）不按照规定制定水污染事故的应急方案的；

（二）水污染事故发生后，未及时启动水污染事故的应急方案，采取有关应急措施的。

第九十四条 企业事业单位违反本法规定，造成水污染事故的，除依法承担赔偿责任外，由县级以上人民政府环境保护主管部门依照本条第二款的规定处以罚款，责令限期采取治理措施，消除污染；未按照要求采取治理措施或者不具备治理能力的，由环境保护主管部门指定有治理能力的单位代为治理，所需费用由违法者承担；对造成重大或者特大水污染事故的，还可以报经有批准权的人民政府批准，责令关闭；对直接负责的主管人员和其他直接责任人员可以处上一年度从本单位取得的收入50%以下的罚款；有《中华人民共和国环境保护法》第六十三条规定的违法排放水污染物等行为之一，尚不构成犯罪的，由公安机关对直接负责的主管人员和其他直接责任人员处十日以上十五日以下的拘留；情节较轻的，处五日以上十日以下的拘留。

对造成一般或者较大水污染事故的，按照水污染事故造成的直接损失的20%计算罚款；对造成重大或者特大水污染事故的，按照水污染事故造成的直接损失的30%计算罚款。

造成渔业污染事故或者渔业船舶造成水污染事故的，由渔业主管部门进行处罚；其他船舶造成水污染事故的，由海事管理机构进行处罚。

第九十五条 企业事业单位和其他生产经营者违法排放水污染物，受到罚款处罚，被责令改正的，依法作出处罚决定的行政机关应当组织复查，发现其继续违法排放水污染物或者拒绝、阻挠复查的，依照《中华人民共和国环境保护法》的规定按日连续处罚。

第九十六条 因水污染受到损害的当事人，有权要求排污方排除危害和赔偿损失。

由于不可抗力造成水污染损害的，排污方不承担赔偿责任；法律另有规定的除外。

水污染损害是由受害人故意造成的，排污方不承担赔偿责任。水污染损害是由受害人重大过失造成的，可以减轻排污方的赔偿责任。

水污染损害是由第三人造成的，排污方承担赔偿责任后，有权向第三人追偿。

第九十七条 因水污染引起的损害赔偿责任和赔偿金额的纠纷，可以根据当事人的请求，由环境保护主管部门或者海事管理机构、渔业主管部门按照职责分工调解处理；调解不成的，当事人可以向人民法院提起诉讼。当事人也可以直接向人民法院提起诉讼。

第九十八条 因水污染引起的损害赔偿诉讼，由排污方就法律规定的免责事由及其行为与损害结果之间不存在因果关系承担举证责任。

第九十九条 因水污染受到损害的当事人人数众多的,可以依法由当事人推选代表人进行共同诉讼。

环境保护主管部门和有关社会团体可以依法支持因水污染受到损害的当事人向人民法院提起诉讼。

国家鼓励法律服务机构和律师为水污染损害诉讼中的受害人提供法律援助。

第一百条 因水污染引起的损害赔偿责任和赔偿金额的纠纷,当事人可以委托环境监测机构提供监测数据。环境监测机构应当接受委托,如实提供有关监测数据。

第一百零一条 违反本法规定,构成犯罪的,依法追究刑事责任。

第八章 附 则

第一百零二条 本法中下列用语的含义:

(一)水污染,是指水体因某种物质的介入,而导致其化学、物理、生物或者放射性等方面特性的改变,从而影响水的有效利用,危害人体健康或者破坏生态环境,造成水质恶化的现象。

(二)水污染物,是指直接或者间接向水体排放的,能导致水体污染的物质。

(三)有毒污染物,是指那些直接或者间接被生物摄入体内后,可能导致该生物或者其后代发病、行为反常、遗传异变、生理机能失常、机体变形或者死亡的污染物。

(四)污泥,是指污水处理过程中产生的半固态或者固态物质。

(五)渔业水体,是指划定的鱼虾类的产卵场、索饵场、越冬场、洄游通道和鱼虾贝藻类的养殖场的水体。

第一百零三条 本法自 2008 年 6 月 1 日起施行。

附录二

中华人民共和国大气污染防治法

（1987年9月5日第六届全国人民代表大会常务委员会第二十二次会议通过。根据1995年8月29日第八届全国人民代表大会常务委员会第十五次会议《关于修改〈中华人民共和国大气污染防治法〉的决定》第一次修正；2000年4月29日第九届全国人民代表大会常务委员会第十五次会议第一次修订；2015年8月29日第十二届全国人民代表大会常务委员会第十六次会议第二次修订；根据2018年10月26日第十三届全国人民代表大会常务委员会第六次会议《关于修改〈中华人民共和国野生动物保护法〉等十五部法律的决定》第二次修正）

目 录

第一章　总则

第二章　大气污染防治标准和限期达标规划

第三章　大气污染防治的监督管理

第四章　大气污染防治措施

　　第一节　燃煤和其他能源污染防治

　　第二节　工业污染防治

　　第三节　机动车船等污染防治

　　第四节　扬尘污染防治

　　第五节　农业和其他污染防治

第五章　重点区域大气污染联合防治

第六章　重污染天气应对

第七章　法律责任

第八章　附则

第一章 总　　则

第一条　为保护和改善环境，防治大气污染，保障公众健康，推进生态文明建设，促进经济社会可持续发展，制定本法。

第二条　防治大气污染，应当以改善大气环境质量为目标，坚持源头治理，规划先行，转变经济发展方式，优化产业结构和布局，调整能源结构。

防治大气污染，应当加强对燃煤、工业、机动车船、扬尘、农业等大气污染的综合防治，推行区域大气污染联合防治，对颗粒物、二氧化硫、氮氧化物、挥发性有机物、氨等大气污染物和温室气体实施协同控制。

第三条　县级以上人民政府应当将大气污染防治工作纳入国民经济和社会发展规划，加大对大气污染防治的财政投入。

地方各级人民政府应当对本行政区域的大气环境质量负责，制定规划，采取措施，控制或者逐步削减大气污染物的排放量，使大气环境质量达到规定标准并逐步改善。

第四条　国务院生态环境主管部门会同国务院有关部门，按照国务院的规定，对省、自治区、直辖市大气环境质量改善目标、大气污染防治重点任务完成情况进行考核。省、自治区、直辖市人民政府制定考核办法，对本行政区域内地方大气环境质量改善目标、大气污染防治重点任务完成情况实施考核。考核结果应当向社会公开。

第五条　县级以上人民政府生态环境主管部门对大气污染防治实施统一监督管理。

县级以上人民政府其他有关部门在各自职责范围内对大气污染防治实施监督管理。

第六条　国家鼓励和支持大气污染防治科学技术研究，开展对大气污染来源及其变化趋势的分析，推广先进适用的大气污染防治技术和装备，促进科技成果转化，发挥科学技术在大气污染防治中的支撑作用。

第七条 企业事业单位和其他生产经营者应当采取有效措施，防止、减少大气污染，对所造成的损害依法承担责任。

公民应当增强大气环境保护意识，采取低碳、节俭的生活方式，自觉履行大气环境保护义务。

第二章　大气污染防治标准和限期达标规划

第八条 国务院生态环境主管部门或者省、自治区、直辖市人民政府制定大气环境质量标准，应当以保障公众健康和保护生态环境为宗旨，与经济社会发展相适应，做到科学合理。

第九条 国务院生态环境主管部门或者省、自治区、直辖市人民政府制定大气污染物排放标准，应当以大气环境质量标准和国家经济、技术条件为依据。

第十条 制定大气环境质量标准、大气污染物排放标准，应当组织专家进行审查和论证，并征求有关部门、行业协会、企业事业单位和公众等方面的意见。

第十一条 省级以上人民政府生态环境主管部门应当在其网站上公布大气环境质量标准、大气污染物排放标准，供公众免费查阅、下载。

第十二条 大气环境质量标准、大气污染物排放标准的执行情况应当定期进行评估，根据评估结果对标准适时进行修订。

第十三条 制定燃煤、石油焦、生物质燃料、涂料等含挥发性有机物的产品、烟花爆竹以及锅炉等产品的质量标准，应当明确大气环境保护要求。

制定燃油质量标准，应当符合国家大气污染物控制要求，并与国家机动车船、非道路移动机械大气污染物排放标准相互衔接，同步实施。

前款所称非道路移动机械,是指装配有发动机的移动机械和可运输工业设备。

第十四条　未达到国家大气环境质量标准城市的人民政府应当及时编制大气环境质量限期达标规划,采取措施,按照国务院或者省级人民政府规定的期限达到大气环境质量标准。

编制城市大气环境质量限期达标规划,应当征求有关行业协会、企业事业单位、专家和公众等方面的意见。

第十五条　城市大气环境质量限期达标规划应当向社会公开。直辖市和设区的市的大气环境质量限期达标规划应当报国务院生态环境主管部门备案。

第十六条　城市人民政府每年在向本级人民代表大会或者其常务委员会报告环境状况和环境保护目标完成情况时,应当报告大气环境质量限期达标规划执行情况,并向社会公开。

第十七条　城市大气环境质量限期达标规划应当根据大气污染防治的要求和经济、技术条件适时进行评估、修订。

第三章　大气污染防治的监督管理

第十八条　企业事业单位和其他生产经营者建设对大气环境有影响的项目,应当依法进行环境影响评价、公开环境影响评价文件;向大气排放污染物的,应当符合大气污染物排放标准,遵守重点大气污染物排放总量控制要求。

第十九条　排放工业废气或者本法第七十八条规定名录中所列有毒有害大气污染物的企业事业单位、集中供热设施的燃煤热源生产运营单位以及其他依法实行排污许可管理的单位,应当取得排污许可证。排污许可的具体办法和实施步骤由国务院规定。

第二十条　企业事业单位和其他生产经营者向大气排放污染物的,应当依照法律法规和国务院生态环境主管部门的规定设置大气污染物排放口。

禁止通过偷排、篡改或者伪造监测数据、以逃避现场检查为目的的临时停产、非紧急情况下开启应急排放通道、不正常运行大气污染防治设施等逃避监管的方式排放大气污染物。

第二十一条 国家对重点大气污染物排放实行总量控制。

重点大气污染物排放总量控制目标,由国务院生态环境主管部门在征求国务院有关部门和各省、自治区、直辖市人民政府意见后,会同国务院经济综合主管部门报国务院批准并下达实施。

省、自治区、直辖市人民政府应当按照国务院下达的总量控制目标,控制或者削减本行政区域的重点大气污染物排放总量。

确定总量控制目标和分解总量控制指标的具体办法,由国务院生态环境主管部门会同国务院有关部门规定。省、自治区、直辖市人民政府可以根据本行政区域大气污染防治的需要,对国家重点大气污染物之外的其他大气污染物排放实行总量控制。

国家逐步推行重点大气污染物排污权交易。

第二十二条 对超过国家重点大气污染物排放总量控制指标或者未完成国家下达的大气环境质量改善目标的地区,省级以上人民政府生态环境主管部门应当会同有关部门约谈该地区人民政府的主要负责人,并暂停审批该地区新增重点大气污染物排放总量的建设项目环境影响评价文件。约谈情况应当向社会公开。

第二十三条 国务院生态环境主管部门负责制定大气环境质量和大气污染源的监测和评价规范,组织建设与管理全国大气环境质量和大气污染源监测网,组织开展大气环境质量和大气污染源监测,统一发布全国大气环境质量状况信息。

县级以上地方人民政府生态环境主管部门负责组织建设与管理本行政区域大气环境质量和大气污染源监测网，开展大气环境质量和大气污染源监测，统一发布本行政区域大气环境质量状况信息。

第二十四条 企业事业单位和其他生产经营者应当按照国家有关规定和监测规范，对其排放的工业废气和本法第七十八条规定名录中所列有毒有害大气污染物进行监测，并保存原始监测记录。其中，重点排污单位应当安装、使用大气污染物排放自动监测设备，与生态环境主管部门的监控设备联网，保证监测设备正常运行并依法公开排放信息。监测的具体办法和重点排污单位的条件由国务院生态环境主管部门规定。

重点排污单位名录由设区的市级以上地方人民政府生态环境主管部门按照国务院生态环境主管部门的规定，根据本行政区域的大气环境承载力、重点大气污染物排放总量控制指标的要求以及排污单位排放大气污染物的种类、数量和浓度等因素，商有关部门确定，并向社会公布。

第二十五条 重点排污单位应当对自动监测数据的真实性和准确性负责。生态环境主管部门发现重点排污单位的大气污染物排放自动监测设备传输数据异常，应当及时进行调查。

第二十六条 禁止侵占、损毁或者擅自移动、改变大气环境质量监测设施和大气污染物排放自动监测设备。

第二十七条 国家对严重污染大气环境的工艺、设备和产品实行淘汰制度。

国务院经济综合主管部门会同国务院有关部门确定严重污染大气环境的工艺、设备和产品淘汰期限，并纳入国家综合性产业政策目录。

生产者、进口者、销售者或者使用者应当在规定期限内停止生产、进口、销售或者使用列入前款规定目录中的设备和产品。工艺的采用者应当在规定期限内停止采用列入前款规定目录中的工艺。

被淘汰的设备和产品，不得转让给他人使用。

第二十八条 国务院生态环境主管部门会同有关部门，建立和完善大气污染损害评估制度。

第二十九条 生态环境主管部门及其环境执法机构和其他负有大气环境保护监督管理职责的部门，有权通过现场检查监测、自动监测、遥感监测、远红外摄像等方式，对排放大气污染物的企业事业单位和其他生产经营者进行监督检查。被检查者应当如实反映情况，提供必要的资料。实施检查的部门、机构及其工作人员应当为被检查者保守商业秘密。

第三十条 企业事业单位和其他生产经营者违反法律法规规定排放大气污染物，造成或者可能造成严重大气污染，或者有关证据可能灭失或者被隐匿的，县级以上人民政府生态环境主管部门和其他负有大气环境保护监督管理职责的部门，可以对有关设施、设备、物品采取查封、扣押等行政强制措施。

第三十一条 生态环境主管部门和其他负有大气环境保护监督管理职责的部门应当公布举报电话、电子邮箱等，方便公众举报。

生态环境主管部门和其他负有大气环境保护监督管理职责的部门接到举报的，应当及时处理并对举报人的相关信息予以保密；对实名举报的，应当反馈处理结果等情况，查证属实的，处理结果依法向社会公开，并对举报人给予奖励。

举报人举报所在单位的，该单位不得以解除、变更劳动合同或者其他方式对举报人进行打击报复。

第四章 大气污染防治措施

第一节 燃煤和其他能源污染防治

第三十二条 国务院有关部门和地方各级人民政府应当采取措施，调整能源结构，推广清洁能源的生产和使用；优化煤炭使用方式，推广煤炭清洁高效利用，逐步降低煤炭在一次能源消费中的比重，减少煤炭生产、使用、转化过程中的大气污染物排放。

第三十三条 国家推行煤炭洗选加工，降低煤炭的硫分和灰分，限制高硫分、高灰分煤炭的开采。新建煤矿应当同步建设配套的煤炭洗选设施，使煤炭的硫分、灰分含量达到规定标准；已建成的煤矿除所采煤炭属于低硫分、低灰分或者根据已达标排放的燃煤电厂要求不需要洗选的以外，应当限期建成配套的煤炭洗选设施。

禁止开采含放射性和砷等有毒有害物质超过规定标准的煤炭。

第三十四条 国家采取有利于煤炭清洁高效利用的经济、技术政策和措施，鼓励和支持洁净煤技术的开发和推广。

国家鼓励煤矿企业等采用合理、可行的技术措施，对煤层气进行开采利用，对煤矸石进行综合利用。从事煤层气开采利用的，煤层气排放应当符合有关标准规范。

第三十五条 国家禁止进口、销售和燃用不符合质量标准的煤炭，鼓励燃用优质煤炭。

单位存放煤炭、煤矸石、煤渣、煤灰等物料，应当采取防燃措施，防止大气污染。

第三十六条 地方各级人民政府应当采取措施，加强民用散煤的管理，禁止销售不符合民用散煤质量标准的煤炭，鼓励居民燃用优质煤炭和洁净型煤，推广节能环保型炉灶。

第三十七条 石油炼制企业应当按照燃油质量标准生产燃油。

禁止进口、销售和燃用不符合质量标准的石油焦。

第三十八条 城市人民政府可以划定并公布高污染燃料禁燃区，并根据大气环境质量改善要求，逐步扩大高污染燃料禁燃区范围。高污染燃料的目录由国务院生态环境主管部门确定。

在禁燃区内，禁止销售、燃用高污染燃料；禁止新建、扩建燃用高污染燃料的设施,已建成的,应当在城市人民政府规定的期限内改用天然气、页岩气、液化石油气、电或者其他清洁能源。

第三十九条 城市建设应当统筹规划,在燃煤供热地区,推进热电联产和集中供热。在集中供热管网覆盖地区,禁止新建、扩建分散燃煤供热锅炉;已建成的不能达标排放的燃煤供热锅炉,应当在城市人民政府规定的期限内拆除。

第四十条 县级以上人民政府市场监督管理部门应当会同生态环境主管部门对锅炉生产、进口、销售和使用环节执行环境保护标准或者要求的情况进行监督检查;不符合环境保护标准或者要求的,不得生产、进口、销售和使用。

第四十一条 燃煤电厂和其他燃煤单位应当采用清洁生产工艺,配套建设除尘、脱硫、脱硝等装置,或者采取技术改造等其他控制大气污染物排放的措施。

国家鼓励燃煤单位采用先进的除尘、脱硫、脱硝、脱汞等大气污染物协同控制的技术和装置,减少大气污染物的排放。

第四十二条 电力调度应当优先安排清洁能源发电上网。

第二节 工业污染防治

第四十三条 钢铁、建材、有色金属、石油、化工等企业生产过程中排放粉尘、硫化物和氮氧化物的,应当采用清洁生产工艺,配套建设除尘、脱硫、脱硝等装置,或者采取技术改造等其他控制大气污染物排放的措施。

第四十四条 生产、进口、销售和使用含挥发性有机物的原材料和产品的,其挥发性有机物含量应当符合质量标准或者要求。

国家鼓励生产、进口、销售和使用低毒、低挥发性有机溶剂。

第四十五条 产生含挥发性有机物废气的生产和服务活动，应当在密闭空间或者设备中进行，并按照规定安装、使用污染防治设施；无法密闭的，应当采取措施减少废气排放。

第四十六条 工业涂装企业应当使用低挥发性有机物含量的涂料，并建立台账，记录生产原料、辅料的使用量、废弃量、去向以及挥发性有机物含量。台账保存期限不得少于三年。

第四十七条 石油、化工以及其他生产和使用有机溶剂的企业，应当采取措施对管道、设备进行日常维护、维修，减少物料泄漏，对泄漏的物料应当及时收集处理。

储油储气库、加油加气站、原油成品油码头、原油成品油运输船舶和油罐车、气罐车等，应当按照国家有关规定安装油气回收装置并保持正常使用。

第四十八条 钢铁、建材、有色金属、石油、化工、制药、矿产开采等企业，应当加强精细化管理，采取集中收集处理等措施，严格控制粉尘和气态污染物的排放。

工业生产企业应当采取密闭、围挡、遮盖、清扫、洒水等措施，减少内部物料的堆存、传输、装卸等环节产生的粉尘和气态污染物的排放。

第四十九条 工业生产、垃圾填埋或者其他活动产生的可燃性气体应当回收利用，不具备回收利用条件的，应当进行污染防治处理。

可燃性气体回收利用装置不能正常作业的，应当及时修复或者更新。在回收利用装置不能正常作业期间确需排放可燃性气体的，应当将排放的可燃性气体充分燃烧或者采取其他控制大气污染物排放的措施，并向当地生态环境主管部门报告，按照要求限期修复或者更新。

第三节 机动车船等污染防治

第五十条 国家倡导低碳、环保出行，根据城市规划合理控制燃油机动车保有量，大力发展城市公共交通，提高公共交通出行比例。

国家采取财政、税收、政府采购等措施推广应用节能环保型和新能源机动车船、非道路移动机械，限制高油耗、高排放机动车船、非道路移动机械的发展，减少化石能源的消耗。

省、自治区、直辖市人民政府可以在条件具备的地区，提前执行国家机动车大气污染物排放标准中相应阶段排放限值，并报国务院生态环境主管部门备案。

城市人民政府应当加强并改善城市交通管理，优化道路设置，保障人行道和非机动车道的连续、畅通。

第五十一条 机动车船、非道路移动机械不得超过标准排放大气污染物。

禁止生产、进口或者销售大气污染物排放超过标准的机动车船、非道路移动机械。

第五十二条 机动车、非道路移动机械生产企业应当对新生产的机动车和非道路移动机械进行排放检验。经检验合格的，方可出厂销售。检验信息应当向社会公开。

省级以上人民政府生态环境主管部门可以通过现场检查、抽样检测等方式，加强对新生产、销售机动车和非道路移动机械大气污染物排放状况的监督检查。工业、市场监督管理等有关部门予以配合。

第五十三条 在用机动车应当按照国家或者地方的有关规定，由机动车排放检验机构定期对其进行排放检验。经检验合格的，方可上道路行驶。未经检验合格的，公安机关交通管理部门不得核发安全技术检验合格标志。

县级以上地方人民政府生态环境主管部门可以在机动车集中停放地、维修地对在用机动车的大气污染物排放状况进行监督抽测；在不影响正常通行的情况下，可以通过遥感监测等技术手段对在道路上行驶的机动车的大气污染物排放状况进行监督抽测，公安机关交通管理部门予以配合。

第五十四条　机动车排放检验机构应当依法通过计量认证，使用经依法检定合格的机动车排放检验设备，按照国务院生态环境主管部门制定的规范，对机动车进行排放检验，并与生态环境主管部门联网，实现检验数据实时共享。机动车排放检验机构及其负责人对检验数据的真实性和准确性负责。

生态环境主管部门和认证认可监督管理部门应当对机动车排放检验机构的排放检验情况进行监督检查。

第五十五条　机动车生产、进口企业应当向社会公布其生产、进口机动车车型的排放检验信息、污染控制技术信息和有关维修技术信息。

机动车维修单位应当按照防治大气污染的要求和国家有关技术规范对在用机动车进行维修，使其达到规定的排放标准。交通运输、生态环境主管部门应当依法加强监督管理。

禁止机动车所有人以临时更换机动车污染控制装置等弄虚作假的方式通过机动车排放检验。禁止机动车维修单位提供该类维修服务。禁止破坏机动车车载排放诊断系统。

第五十六条　生态环境主管部门应当会同交通运输、住房城乡建设、农业行政、水行政等有关部门对非道路移动机械的大气污染物排放状况进行监督检查，排放不合格的，不得使用。

第五十七条　国家倡导环保驾驶，鼓励燃油机动车驾驶人在不影响道路通行且需停车三分钟以上的情况下熄灭发动机，减少大气污染物的排放。

第五十八条　国家建立机动车和非道路移动机械环境保护召回制度。

生产、进口企业获知机动车、非道路移动机械排放大气污染物超过标准，属于设计、生产缺陷或者不符合规定的环境保护耐久性要求的，应当召回；未召回的，由国务院市场监督管理部门会同国务院生态环境主管部门责令其召回。

第五十九条 在用重型柴油车、非道路移动机械未安装污染控制装置或者污染控制装置不符合要求，不能达标排放的，应当加装或者更换符合要求的污染控制装置。

第六十条 在用机动车排放大气污染物超过标准的，应当进行维修；经维修或者采用污染控制技术后，大气污染物排放仍不符合国家在用机动车排放标准的，应当强制报废。其所有人应当将机动车交售给报废机动车回收拆解企业，由报废机动车回收拆解企业按照国家有关规定进行登记、拆解、销毁等处理。

国家鼓励和支持高排放机动车船、非道路移动机械提前报废。

第六十一条 城市人民政府可以根据大气环境质量状况，划定并公布禁止使用高排放非道路移动机械的区域。

第六十二条 船舶检验机构对船舶发动机及有关设备进行排放检验。经检验符合国家排放标准的，船舶方可运营。

第六十三条 内河和江海直达船舶应当使用符合标准的普通柴油。远洋船舶靠港后应当使用符合大气污染物控制要求的船舶用燃油。

新建码头应当规划、设计和建设岸基供电设施；已建成的码头应当逐步实施岸基供电设施改造。船舶靠港后应当优先使用岸电。

第六十四条 国务院交通运输主管部门可以在沿海海域划定船舶大气污染物排放控制区，进入排放控制区的船舶应当符合船舶相关排放要求。

第六十五条 禁止生产、进口、销售不符合标准的机动车船、非道路移动机械用燃料；禁止向汽车和摩托车销售普通柴油以及其他非机动车用燃料；禁止向非道路移动机械、内河和江海直达船舶销售渣油和重油。

第六十六条 发动机油、氮氧化物还原剂、燃料和润滑油添加剂以及其他添加剂的有害物质含量和其他大气环境保护指标,应当符合有关标准的要求,不得损害机动车船污染控制装置效果和耐久性,不得增加新的大气污染物排放。

第六十七条 国家积极推进民用航空器的大气污染防治,鼓励在设计、生产、使用过程中采取有效措施减少大气污染物排放。

民用航空器应当符合国家规定的适航标准中的有关发动机排出物要求。

第四节 扬尘污染防治

第六十八条 地方各级人民政府应当加强对建设施工和运输的管理,保持道路清洁,控制料堆和渣土堆放,扩大绿地、水面、湿地和地面铺装面积,防治扬尘污染。

住房城乡建设、市容环境卫生、交通运输、国土资源等有关部门,应当根据本级人民政府确定的职责,做好扬尘污染防治工作。

第六十九条 建设单位应当将防治扬尘污染的费用列入工程造价,并在施工承包合同中明确施工单位扬尘污染防治责任。施工单位应当制定具体的施工扬尘污染防治实施方案。

从事房屋建筑、市政基础设施建设、河道整治以及建筑物拆除等施工单位,应当向负责监督管理扬尘污染防治的主管部门备案。

施工单位应当在施工工地设置硬质围挡,并采取覆盖、分段作业、择时施工、洒水抑尘、冲洗地面和车辆等有效防尘降尘措施。建筑土方、工程渣土、建筑垃圾应当及时清运;在场地内堆存的,应当采用密闭式防尘网遮盖。工程渣土、建筑垃圾应当进行资源化处理。

施工单位应当在施工工地公示扬尘污染防治措施、负责人、扬尘监督管理主管部门等信息。

暂时不能开工的建设用地，建设单位应当对裸露地面进行覆盖；超过三个月的，应当进行绿化、铺装或者遮盖。

第七十条　运输煤炭、垃圾、渣土、砂石、土方、灰浆等散装、流体物料的车辆应当采取密闭或者其他措施防止物料遗撒造成扬尘污染，并按照规定路线行驶。

装卸物料应当采取密闭或者喷淋等方式防治扬尘污染。

城市人民政府应当加强道路、广场、停车场和其他公共场所的清扫保洁管理，推行清洁动力机械化清扫等低尘作业方式，防治扬尘污染。

第七十一条　市政河道以及河道沿线、公共用地的裸露地面以及其他城镇裸露地面，有关部门应当按照规划组织实施绿化或者透水铺装。

第七十二条　贮存煤炭、煤矸石、煤渣、煤灰、水泥、石灰、石膏、砂土等易产生扬尘的物料应当密闭；不能密闭的，应当设置不低于堆放物高度的严密围挡，并采取有效覆盖措施防治扬尘污染。

码头、矿山、填埋场和消纳场应当实施分区作业，并采取有效措施防治扬尘污染。

第五节　农业和其他污染防治

第七十三条　地方各级人民政府应当推动转变农业生产方式，发展农业循环经济，加大对废弃物综合处理的支持力度，加强对农业生产经营活动排放大气污染物的控制。

第七十四条　农业生产经营者应当改进施肥方式，科学合理施用化肥并按照国家有关规定使用农药，减少氨、挥发性有机物等大气污染物的排放。

禁止在人口集中地区对树木、花草喷洒剧毒、高毒农药。

第七十五条　畜禽养殖场、养殖小区应当及时对污水、畜禽粪便和尸体等进行收集、贮存、清运和无害化处理，防止排放恶臭气体。

第七十六条　各级人民政府及其农业行政等有关部门应当鼓励和支持采用先进适用技术，对秸秆、落叶等进行肥料化、饲料化、能源化、工业原料化、食用菌基料化等综合利用，加大对秸秆还田、收集一体化农业机械的财政补贴力度。

县级人民政府应当组织建立秸秆收集、贮存、运输和综合利用服务体系，采用财政补贴等措施支持农村集体经济组织、农民专业合作经济组织、企业等开展秸秆收集、贮存、运输和综合利用服务。

第七十七条　省、自治区、直辖市人民政府应当划定区域，禁止露天焚烧秸秆、落叶等产生烟尘污染的物质。

第七十八条　国务院生态环境主管部门应当会同国务院卫生行政部门，根据大气污染物对公众健康和生态环境的危害和影响程度，公布有毒有害大气污染物名录，实行风险管理。

排放前款规定名录中所列有毒有害大气污染物的企业事业单位，应当按照国家有关规定建设环境风险预警体系，对排放口和周边环境进行定期监测，评估环境风险，排查环境安全隐患，并采取有效措施防范环境风险。

第七十九条　向大气排放持久性有机污染物的企业事业单位和其他生产经营者以及废弃物焚烧设施的运营单位，应当按照国家有关规定，采取有利于减少持久性有机污染物排放的技术方法和工艺，配备有效的净化装置，实现达标排放。

第八十条　企业事业单位和其他生产经营者在生产经营活动中产生恶臭气体的，应当科学选址，设置合理的防护距离，并安装净化装置或者采取其他措施，防止排放恶臭气体。

第八十一条　排放油烟的餐饮服务业经营者应当安装油烟净化设施并保持正常使用，或者采取其他油烟净化措施，使油烟达标排放，并防止对附近居民的正常生活环境造成污染。

禁止在居民住宅楼、未配套设立专用烟道的商住综合楼以及商住综合楼内与居住层相邻的商业楼层内新建、改建、扩建产生油烟、异味、废气的餐饮服务项目。

任何单位和个人不得在当地人民政府禁止的区域内露天烧烤食品或者为露天烧烤食品提供场地。

第八十二条 禁止在人口集中地区和其他依法需要特殊保护的区域内焚烧沥青、油毡、橡胶、塑料、皮革、垃圾以及其他产生有毒有害烟尘和恶臭气体的物质。

禁止生产、销售和燃放不符合质量标准的烟花爆竹。任何单位和个人不得在城市人民政府禁止的时段和区域内燃放烟花爆竹。

第八十三条 国家鼓励和倡导文明、绿色祭祀。

火葬场应当设置除尘等污染防治设施并保持正常使用,防止影响周边环境。

第八十四条 从事服装干洗和机动车维修等服务活动的经营者,应当按照国家有关标准或者要求设置异味和废气处理装置等污染防治设施并保持正常使用,防止影响周边环境。

第八十五条 国家鼓励、支持消耗臭氧层物质替代品的生产和使用,逐步减少直至停止消耗臭氧层物质的生产和使用。

国家对消耗臭氧层物质的生产、使用、进出口实行总量控制和配额管理。具体办法由国务院规定。

第五章 重点区域大气污染联合防治

第八十六条 国家建立重点区域大气污染联防联控机制,统筹协调重点区域内大气污染防治工作。国务院生态环境主管部门根据主体功能区划、区域大气环境质量状况和大气污染传输扩散规律,划定国家大气污染防治重点区域,报国务院批准。

重点区域内有关省、自治区、直辖市人民政府应当确定牵头的地方人民政府,定期召开联席会议,按照统一规划、统一标准、统一监测、统一的防治措施的要求,开展大气污染联合防治,落实大气污染防治目标责任。国务院生态环境主管部门应当加强指导、督促。

省、自治区、直辖市可以参照第一款规定划定本行政区域的大气污染防治重点区域。

第八十七条 国务院生态环境主管部门会同国务院有关部门、国家大气污染防治重点区域内有关省、自治区、直辖市人民政府,根据重点区域经济社会发展和大气环境承载力,制定重点区域大气污染联合防治行动计划,明确控制目标,优化区域经济布局,统筹交通管理,发展清洁能源,提出重点防治任务和措施,促进重点区域大气环境质量改善。

第八十八条 国务院经济综合主管部门会同国务院生态环境主管部门,结合国家大气污染防治重点区域产业发展实际和大气环境质量状况,进一步提高环境保护、能耗、安全、质量等要求。

重点区域内有关省、自治区、直辖市人民政府应当实施更严格的机动车大气污染物排放标准,统一在用机动车检验方法和排放限值,并配套供应合格的车用燃油。

第八十九条 编制可能对国家大气污染防治重点区域的大气环境造成严重污染的有关工业园区、开发区、区域产业和发展等规划,应当依法进行环境影响评价。规划编制机关应当与重点区域内有关省、自治区、直辖市人民政府或者有关部门会商。

重点区域内有关省、自治区、直辖市建设可能对相邻省、自治区、直辖市大气环境质量产生重大影响的项目,应当及时通报有关信息,进行会商。

会商意见及其采纳情况作为环境影响评价文件审查或者审批的重要依据。

第九十条　国家大气污染防治重点区域内新建、改建、扩建用煤项目的，应当实行煤炭的等量或者减量替代。

第九十一条　国务院生态环境主管部门应当组织建立国家大气污染防治重点区域的大气环境质量监测、大气污染源监测等相关信息共享机制，利用监测、模拟以及卫星、航测、遥感等新技术分析重点区域内大气污染来源及其变化趋势，并向社会公开。

第九十二条　国务院生态环境主管部门和国家大气污染防治重点区域内有关省、自治区、直辖市人民政府可以组织有关部门开展联合执法、跨区域执法、交叉执法。

第六章　重污染天气应对

第九十三条　国家建立重污染天气监测预警体系。

国务院生态环境主管部门会同国务院气象主管机构等有关部门、国家大气污染防治重点区域内有关省、自治区、直辖市人民政府，建立重点区域重污染天气监测预警机制，统一预警分级标准。可能发生区域重污染天气的，应当及时向重点区域内有关省、自治区、直辖市人民政府通报。

省、自治区、直辖市、设区的市人民政府生态环境主管部门会同气象主管机构等有关部门建立本行政区域重污染天气监测预警机制。

第九十四条　县级以上地方人民政府应当将重污染天气应对纳入突发事件应急管理体系。

省、自治区、直辖市、设区的市人民政府以及可能发生重污染天气的县级人民政府，应当制定重污染天气应急预案，向上一级人民政府生态环境主管部门备案，并向社会公布。

第九十五条 省、自治区、直辖市、设区的市人民政府生态环境主管部门应当会同气象主管机构建立会商机制，进行大气环境质量预报。可能发生重污染天气的，应当及时向本级人民政府报告。省、自治区、直辖市、设区的市人民政府依据重污染天气预报信息，进行综合研判，确定预警等级并及时发出预警。预警等级根据情况变化及时调整。任何单位和个人不得擅自向社会发布重污染天气预报预警信息。

预警信息发布后，人民政府及其有关部门应当通过电视、广播、网络、短信等途径告知公众采取健康防护措施，指导公众出行和调整其他相关社会活动。

第九十六条 县级以上地方人民政府应当依据重污染天气的预警等级，及时启动应急预案，根据应急需要可以采取责令有关企业停产或者限产、限制部分机动车行驶、禁止燃放烟花爆竹、停止工地土石方作业和建筑物拆除施工、停止露天烧烤、停止幼儿园和学校组织的户外活动、组织开展人工影响天气作业等应急措施。

应急响应结束后，人民政府应当及时开展应急预案实施情况的评估，适时修改完善应急预案。

第九十七条 发生造成大气污染的突发环境事件，人民政府及其有关部门和相关企业事业单位，应当依照《中华人民共和国突发事件应对法》、《中华人民共和国环境保护法》的规定，做好应急处置工作。生态环境主管部门应当及时对突发环境事件产生的大气污染物进行监测，并向社会公布监测信息。

第七章 法律责任

第九十八条 违反本法规定，以拒绝进入现场等方式拒不接受生态环境主管部门及其环境执法机构或者其他负有大气环境保护监督管理职责的部门的监督检查，或者在接受监督检查时弄虚作假的，由县级以上人民政府生态环境主管部门或者其他负有大气环境保护监督管理职责的部门责令改正，处二万元以上二十万元以下的罚款；构成违反治安管理行为的，由公安机关依法予以处罚。

第九十九条 违反本法规定，有下列行为之一的，由县级以上人民政府生态环境主管部门责令改正或者限制生产、停产整治，并处十万元以上一百万元以下的罚款；情节严重的，报经有批准权的人民政府批准，责令停业、关闭：

（一）未依法取得排污许可证排放大气污染物的；

（二）超过大气污染物排放标准或者超过重点大气污染物排放总量控制指标排放大气污染物的；

（三）通过逃避监管的方式排放大气污染物的。

第一百条 违反本法规定，有下列行为之一的，由县级以上人民政府生态环境主管部门责令改正，处二万元以上二十万元以下的罚款；拒不改正的，责令停产整治：

（一）侵占、损毁或者擅自移动、改变大气环境质量监测设施或者大气污染物排放自动监测设备的；

（二）未按照规定对所排放的工业废气和有毒有害大气污染物进行监测并保存原始监测记录的；

（三）未按照规定安装、使用大气污染物排放自动监测设备或者未按照规定与生态环境主管部门的监控设备联网，并保证监测设备正常运行的；

（四）重点排污单位不公开或者不如实公开自动监测数据的；

（五）未按照规定设置大气污染物排放口的。

第一百零一条 违反本法规定，生产、进口、销售或者使用国家综合性产业政策目录中禁止的设备和产品，采用国家综合性产业政策目录中禁止的工艺，或者将淘汰的设备和产品转让给他人使用的，由县级以上人民政府经济综合主管部门、海关按照职责责令改正，没收违法所得，并处货值金额一倍以上三倍以下的罚款；拒不改正的，报经有批准权的人民政府批准，责令停业、关闭。进口行为构成走私的，由海关依法予以处罚。

第一百零二条 违反本法规定，煤矿未按照规定建设配套煤炭洗选设施的，由县级以上人民政府能源主管部门责令改正，处十万元以上一百万元以下的罚款；拒不改正的，报经有批准权的人民政府批准，责令停业、关闭。

违反本法规定，开采含放射性和砷等有毒有害物质超过规定标准的煤炭的，由县级以上人民政府按照国务院规定的权限责令停业、关闭。

第一百零三条 违反本法规定，有下列行为之一的，由县级以上地方人民政府市场监督管理部门责令改正，没收原材料、产品和违法所得，并处货值金额一倍以上三倍以下的罚款：

（一）销售不符合质量标准的煤炭、石油焦的；

（二）生产、销售挥发性有机物含量不符合质量标准或者要求的原材料和产品的；

（三）生产、销售不符合标准的机动车船和非道路移动机械用燃料、发动机油、氮氧化物还原剂、燃料和润滑油添加剂以及其他添加剂的；

（四）在禁燃区内销售高污染燃料的。

第一百零四条 违反本法规定，有下列行为之一的，由海关责令改正，没收原材料、产品和违法所得，并处货值金额一倍以上三倍以下的罚款；构成走私的，由海关依法予以处罚：

（一）进口不符合质量标准的煤炭、石油焦的；

（二）进口挥发性有机物含量不符合质量标准或者要求的原材料和产品的；

（三）进口不符合标准的机动车船和非道路移动机械用燃料、发动机油、氮氧化物还原剂、燃料和润滑油添加剂以及其他添加剂的。

第一百零五条 违反本法规定，单位燃用不符合质量标准的煤炭、石油焦的，由县级以上人民政府生态环境主管部门责令改正，处货值金额一倍以上三倍以下的罚款。

第一百零六条 违反本法规定，使用不符合标准或者要求的船舶用燃油的，由海事管理机构、渔业主管部门按照职责处一万元以上十万元以下的罚款。

第一百零七条 违反本法规定，在禁燃区内新建、扩建燃用高污染燃料的设施，或者未按照规定停止燃用高污染燃料，或者在城市集中供热管网覆盖地区新建、扩建分散燃煤供热锅炉，或者未按照规定拆除已建成的不能达标排放的燃煤供热锅炉的，由县级以上地方人民政府生态环境主管部门没收燃用高污染燃料的设施，组织拆除燃煤供热锅炉，并处二万元以上二十万元以下的罚款。

违反本法规定，生产、进口、销售或者使用不符合规定标准或者要求的锅炉，由县级以上人民政府市场监督管理、生态环境主管部门责令改正，没收违法所得，并处二万元以上二十万元以下的罚款。

第一百零八条 违反本法规定，有下列行为之一的，由县级以上人民政府生态环境主管部门责令改正，处二万元以上二十万元以下的罚款；拒不改正的，责令停产整治：

（一）产生含挥发性有机物废气的生产和服务活动，未在密闭空间或者设备中进行，未按照规定安装、使用污染防治设施，或者未采取减少废气排放措施的；

（二）工业涂装企业未使用低挥发性有机物含量涂料或者未建立、保存台账的；

（三）石油、化工以及其他生产和使用有机溶剂的企业，未采取措施对管道、设备进行日常维护、维修，减少物料泄漏或者对泄漏的物料未及时收集处理的；

（四）储油储气库、加油加气站和油罐车、气罐车等，未按照国家有关规定安装并正常使用油气回收装置的；

（五）钢铁、建材、有色金属、石油、化工、制药、矿产开采等企业，未采取集中收集处理、密闭、围挡、遮盖、清扫、洒水等措施，控制、减少粉尘和气态污染物排放的；

（六）工业生产、垃圾填埋或者其他活动中产生的可燃性气体未回收利用，不具备回收利用条件未进行防治污染处理，或者可燃性气体回收利用装置不能正常作业，未及时修复或者更新的。

第一百零九条 违反本法规定，生产超过污染物排放标准的机动车、非道路移动机械的，由省级以上人民政府生态环境主管部门责令改正，没收违法所得，并处货值金额一倍以上三倍以下的罚款，没收销毁无法达到污染物排放标准的机动车、非道路移动机械；拒不改正的，责令停产整治，并由国务院机动车生产主管部门责令停止生产该车型。

违反本法规定，机动车、非道路移动机械生产企业对发动机、污染控制装置弄虚作假、以次充好，冒充排放检验合格产品出厂销售的，由省级以上人民政府生态环境主管部门责令停产整治，没收违法所得，并处货值金额一倍以上三倍以下的罚款，没收销毁无法达到污染物排放标准的机动车、非道路移动机械，并由国务院机动车生产主管部门责令停止生产该车型。

第一百一十条 违反本法规定，进口、销售超过污染物排放标准的机动车、非道路移动机械的，由县级以上人民政府市场监督管理部门、海关按照职责没收违法所得，并处货值金额一倍以上三倍以下的罚款，没收销毁无法达到污染物排放标准的机动车、非道路移动机械；进口行为构成走私的，由海关依法予以处罚。

违反本法规定，销售的机动车、非道路移动机械不符合污染物排放标准的,销售者应当负责修理、更换、退货;给购买者造成损失的,销售者应当赔偿损失。

第一百一十一条 违反本法规定,机动车生产、进口企业未按照规定向社会公布其生产、进口机动车车型的排放检验信息或者污染控制技术信息的,由省级以上人民政府生态环境主管部门责令改正,处五万元以上五十万元以下的罚款。

违反本法规定,机动车生产、进口企业未按照规定向社会公布其生产、进口机动车车型的有关维修技术信息的,由省级以上人民政府交通运输主管部门责令改正,处五万元以上五十万元以下的罚款。

第一百一十二条 违反本法规定,伪造机动车、非道路移动机械排放检验结果或者出具虚假排放检验报告的,由县级以上人民政府生态环境主管部门没收违法所得,并处十万元以上五十万元以下的罚款;情节严重的,由负责资质认定的部门取消其检验资格。

违反本法规定,伪造船舶排放检验结果或者出具虚假排放检验报告的,由海事管理机构依法予以处罚。

违反本法规定,以临时更换机动车污染控制装置等弄虚作假的方式通过机动车排放检验或者破坏机动车车载排放诊断系统的,由县级以上人民政府生态环境主管部门责令改正,对机动车所有人处五千元的罚款;对机动车维修单位处每辆机动车五千元的罚款。

第一百一十三条 违反本法规定,机动车驾驶人驾驶排放检验不合格的机动车上道路行驶的,由公安机关交通管理部门依法予以处罚。

第一百一十四条 违反本法规定,使用排放不合格的非道路移动机械,或者在用重型柴油车、非道路移动机械未按照规定加装、更换污染控制装置的,由县级以上人民政府生态环境等主管部门按照职责责令改正,处五千元的罚款。

违反本法规定,在禁止使用高排放非道路移动机械的区域使用高排放非道路移动机械的，由城市人民政府生态环境等主管部门依法予以处罚。

第一百一十五条 违反本法规定，施工单位有下列行为之一的，由县级以上人民政府住房城乡建设等主管部门按照职责责令改正，处一万元以上十万元以下的罚款；拒不改正的，责令停工整治：

（一）施工工地未设置硬质围挡，或者未采取覆盖、分段作业、择时施工、洒水抑尘、冲洗地面和车辆等有效防尘降尘措施的；

（二）建筑土方、工程渣土、建筑垃圾未及时清运，或者未采用密闭式防尘网遮盖的。

违反本法规定，建设单位未对暂时不能开工的建设用地的裸露地面进行覆盖，或者未对超过三个月不能开工的建设用地的裸露地面进行绿化、铺装或者遮盖的，由县级以上人民政府住房城乡建设等主管部门依照前款规定予以处罚。

第一百一十六条 违反本法规定，运输煤炭、垃圾、渣土、砂石、土方、灰浆等散装、流体物料的车辆，未采取密闭或者其他措施防止物料遗撒的，由县级以上地方人民政府确定的监督管理部门责令改正，处二千元以上二万元以下的罚款；拒不改正的，车辆不得上道路行驶。

第一百一十七条 违反本法规定，有下列行为之一的，由县级以上人民政府生态环境等主管部门按照职责责令改正，处一万元以上十万元以下的罚款；拒不改正的，责令停工整治或者停业整治：

（一）未密闭煤炭、煤矸石、煤渣、煤灰、水泥、石灰、石膏、砂土等易产生扬尘的物料的；

（二）对不能密闭的易产生扬尘的物料，未设置不低于堆放物高度的严密围挡，或者未采取有效覆盖措施防治扬尘污染的；

（三）装卸物料未采取密闭或者喷淋等方式控制扬尘排放的；

（四）存放煤炭、煤矸石、煤渣、煤灰等物料，未采取防燃措施的；

（五）码头、矿山、填埋场和消纳场未采取有效措施防治扬尘污染的；

（六）排放有毒有害大气污染物名录中所列有毒有害大气污染物的企业事业单位，未按照规定建设环境风险预警体系或者对排放口和周边环境进行定期监测、排查环境安全隐患并采取有效措施防范环境风险的；

（七）向大气排放持久性有机污染物的企业事业单位和其他生产经营者以及废弃物焚烧设施的运营单位，未按照国家有关规定采取有利于减少持久性有机污染物排放的技术方法和工艺，配备净化装置的；

（八）未采取措施防止排放恶臭气体的。

第一百一十八条 违反本法规定，排放油烟的餐饮服务业经营者未安装油烟净化设施、不正常使用油烟净化设施或者未采取其他油烟净化措施，超过排放标准排放油烟的，由县级以上地方人民政府确定的监督管理部门责令改正，处五千元以上五万元以下的罚款；拒不改正的，责令停业整治。

违反本法规定，在居民住宅楼、未配套设立专用烟道的商住综合楼、商住综合楼内与居住层相邻的商业楼层内新建、改建、扩建产生油烟、异味、废气的餐饮服务项目的，由县级以上地方人民政府确定的监督管理部门责令改正；拒不改正的，予以关闭，并处一万元以上十万元以下的罚款。

违反本法规定，在当地人民政府禁止的时段和区域内露天烧烤食品或者为露天烧烤食品提供场地的，由县级以上地方人民政府确定的监督管理部门责令改正，没收烧烤工具和违法所得，并处五百元以上二万元以下的罚款。

第一百一十九条 违反本法规定，在人口集中地区对树木、花草喷洒剧毒、高毒农药，或者露天焚烧秸秆、落叶等产生烟尘污染的物质的，由县级以上地方人民政府确定的监督管理部门责令改正，并可以处五百元以上二千元以下的罚款。

违反本法规定,在人口集中地区和其他依法需要特殊保护的区域内,焚烧沥青、油毡、橡胶、塑料、皮革、垃圾以及其他产生有毒有害烟尘和恶臭气体的物质的,由县级人民政府确定的监督管理部门责令改正,对单位处一万元以上十万元以下的罚款,对个人处五百元以上二千元以下的罚款。

违反本法规定,在城市人民政府禁止的时段和区域内燃放烟花爆竹的,由县级以上地方人民政府确定的监督管理部门依法予以处罚。

第一百二十条 违反本法规定,从事服装干洗和机动车维修等服务活动,未设置异味和废气处理装置等污染防治设施并保持正常使用,影响周边环境的,由县级以上地方人民政府生态环境主管部门责令改正,处二千元以上二万元以下的罚款;拒不改正的,责令停业整治。

第一百二十一条 违反本法规定,擅自向社会发布重污染天气预报预警信息,构成违反治安管理行为的,由公安机关依法予以处罚。

违反本法规定,拒不执行停止工地土石方作业或者建筑物拆除施工等重污染天气应急措施的,由县级以上地方人民政府确定的监督管理部门处一万元以上十万元以下的罚款。

第一百二十二条 违反本法规定,造成大气污染事故的,由县级以上人民政府生态环境主管部门依照本条第二款的规定处以罚款;对直接负责的主管人员和其他直接责任人员可以处上一年度从本企业事业单位取得收入百分之五十以下的罚款。

对造成一般或者较大大气污染事故的,按照污染事故造成直接损失的一倍以上三倍以下计算罚款;对造成重大或者特大大气污染事故的,按照污染事故造成的直接损失的三倍以上五倍以下计算罚款。

第一百二十三条 违反本法规定,企业事业单位和其他生产经营者有下列行为之一,受到罚款处罚,被责令改正,拒不改正的,依法作出处罚决定的行政机关可以自责令改正之日的次日起,按照原处罚数额按日连续处罚:

（一）未依法取得排污许可证排放大气污染物的；

（二）超过大气污染物排放标准或者超过重点大气污染物排放总量控制指标排放大气污染物的；

（三）通过逃避监管的方式排放大气污染物的；

（四）建筑施工或者贮存易产生扬尘的物料未采取有效措施防治扬尘污染的。

第一百二十四条　违反本法规定，对举报人以解除、变更劳动合同或者其他方式打击报复的，应当依照有关法律的规定承担责任。

第一百二十五条　排放大气污染物造成损害的，应当依法承担侵权责任。

第一百二十六条　地方各级人民政府、县级以上人民政府生态环境主管部门和其他负有大气环境保护监督管理职责的部门及其工作人员滥用职权、玩忽职守、徇私舞弊、弄虚作假的，依法给予处分。

第一百二十七条　违反本法规定，构成犯罪的，依法追究刑事责任。

第八章　附　　则

第一百二十八条　海洋工程的大气污染防治，依照《中华人民共和国海洋环境保护法》的有关规定执行。

第一百二十九条　本法自 2016 年 1 月 1 日起施行。

附录三

中华人民共和国固体废物污染环境防治法

（1995年10月30日第八届全国人民代表大会常务委员会第十六次会议通过。2004年12月29日第十届全国人民代表大会常务委员会第十三次会议第一次修订；根据2013年6月29日第十二届全国人民代表大会常务委员会第三次会议《关于修改〈中华人民共和国文物保护法〉等十二部法律的决定》第一次修正；根据2015年4月24日第十二届全国人民代表大会常务委员会第十四次会议《关于修改〈中华人民共和国港口法〉等七部法律的决定》第二次修正；根据2016年11月7日第十二届全国人民代表大会常务委员会第二十四次会议《关于修改〈中华人民共和国对外贸易法〉等十二部法律的决定》第三次修正；2020年4月29日第十三届全国人民代表大会常务委员会第十七次会议第二次修订）

目 录

第一章　总则

第二章　监督管理

第三章　工业固体废物

第四章　生活垃圾

第五章　建筑垃圾、农业固体废物等

第六章　危险废物

第七章　保障措施

第八章　法律责任

第九章　附则

附录三　中华人民共和国固体废物污染环境防治法

第一章　总　则

第一条　为了保护和改善生态环境，防治固体废物污染环境，保障公众健康，维护生态安全，推进生态文明建设，促进经济社会可持续发展，制定本法。

第二条　固体废物污染环境的防治适用本法。

固体废物污染海洋环境的防治和放射性固体废物污染环境的防治不适用本法。

第三条　国家推行绿色发展方式，促进清洁生产和循环经济发展。

国家倡导简约适度、绿色低碳的生活方式，引导公众积极参与固体废物污染环境防治。

第四条　固体废物污染环境防治坚持减量化、资源化和无害化的原则。

任何单位和个人都应当采取措施，减少固体废物的产生量，促进固体废物的综合利用，降低固体废物的危害性。

第五条　固体废物污染环境防治坚持污染担责的原则。

产生、收集、贮存、运输、利用、处置固体废物的单位和个人，应当采取措施，防止或者减少固体废物对环境的污染，对所造成的环境污染依法承担责任。

第六条　国家推行生活垃圾分类制度。

生活垃圾分类坚持政府推动、全民参与、城乡统筹、因地制宜、简便易行的原则。

第七条　地方各级人民政府对本行政区域固体废物污染环境防治负责。

国家实行固体废物污染环境防治目标责任制和考核评价制度，将固体废物污染环境防治目标完成情况纳入考核评价的内容。

第八条　各级人民政府应当加强对固体废物污染环境防治工作的领导，组织、协调、督促有关部门依法履行固体废物污染环境防治监督管理职责。

省、自治区、直辖市之间可以协商建立跨行政区域固体废物污染环境的联防联控机制，统筹规划制定、设施建设、固体废物转移等工作。

第九条　国务院生态环境主管部门对全国固体废物污染环境防治工作实施统一监督管理。国务院发展改革、工业和信息化、自然资源、住房城乡建设、交通运输、农业农村、商务、卫生健康、海关等主管部门在各自职责范围内负责固体废物污染环境防治的监督管理工作。

地方人民政府生态环境主管部门对本行政区域固体废物污染环境防治工作实施统一监督管理。地方人民政府发展改革、工业和信息化、自然资源、住房城乡建设、交通运输、农业农村、商务、卫生健康等主管部门在各自职责范围内负责固体废物污染环境防治的监督管理工作。

第十条　国家鼓励、支持固体废物污染环境防治的科学研究、技术开发、先进技术推广和科学普及，加强固体废物污染环境防治科技支撑。

第十一条　国家机关、社会团体、企业事业单位、基层群众性自治组织和新闻媒体应当加强固体废物污染环境防治宣传教育和科学普及，增强公众固体废物污染环境防治意识。

学校应当开展生活垃圾分类以及其他固体废物污染环境防治知识普及和教育。

第十二条　各级人民政府对在固体废物污染环境防治工作以及相关的综合利用活动中做出显著成绩的单位和个人，按照国家有关规定给予表彰、奖励。

第二章　监督管理

第十三条　县级以上人民政府应当将固体废物污染环境防治工作纳入

国民经济和社会发展规划、生态环境保护规划，并采取有效措施减少固体废物的产生量、促进固体废物的综合利用、降低固体废物的危害性，最大限度降低固体废物填埋量。

第十四条 国务院生态环境主管部门应当会同国务院有关部门根据国家环境质量标准和国家经济、技术条件，制定固体废物鉴别标准、鉴别程序和国家固体废物污染环境防治技术标准。

第十五条 国务院标准化主管部门应当会同国务院发展改革、工业和信息化、生态环境、农业农村等主管部门，制定固体废物综合利用标准。

综合利用固体废物应当遵守生态环境法律法规，符合固体废物污染环境防治技术标准。使用固体废物综合利用产物应当符合国家规定的用途、标准。

第十六条 国务院生态环境主管部门应当会同国务院有关部门建立全国危险废物等固体废物污染环境防治信息平台，推进固体废物收集、转移、处置等全过程监控和信息化追溯。

第十七条 建设产生、贮存、利用、处置固体废物的项目，应当依法进行环境影响评价，并遵守国家有关建设项目环境保护管理的规定。

第十八条 建设项目的环境影响评价文件确定需要配套建设的固体废物污染环境防治设施，应当与主体工程同时设计、同时施工、同时投入使用。建设项目的初步设计，应当按照环境保护设计规范的要求，将固体废物污染环境防治内容纳入环境影响评价文件，落实防治固体废物污染环境和破坏生态的措施以及固体废物污染环境防治设施投资概算。

建设单位应当依照有关法律法规的规定，对配套建设的固体废物污染环境防治设施进行验收，编制验收报告，并向社会公开。

第十九条 收集、贮存、运输、利用、处置固体废物的单位和其他生产经营者，应当加强对相关设施、设备和场所的管理和维护，保证其正常运行和使用。

第二十条 产生、收集、贮存、运输、利用、处置固体废物的单位和其他生产经营者,应当采取防扬散、防流失、防渗漏或者其他防止污染环境的措施,不得擅自倾倒、堆放、丢弃、遗撒固体废物。

禁止任何单位或者个人向江河、湖泊、运河、渠道、水库及其最高水位线以下的滩地和岸坡以及法律法规规定的其他地点倾倒、堆放、贮存固体废物。

第二十一条 在生态保护红线区域、永久基本农田集中区域和其他需要特别保护的区域内,禁止建设工业固体废物、危险废物集中贮存、利用、处置的设施、场所和生活垃圾填埋场。

第二十二条 转移固体废物出省、自治区、直辖市行政区域贮存、处置的,应当向固体废物移出地的省、自治区、直辖市人民政府生态环境主管部门提出申请。移出地的省、自治区、直辖市人民政府生态环境主管部门应当及时商经接受地的省、自治区、直辖市人民政府生态环境主管部门同意后,在规定期限内批准转移该固体废物出省、自治区、直辖市行政区域。未经批准的,不得转移。

转移固体废物出省、自治区、直辖市行政区域利用的,应当报固体废物移出地的省、自治区、直辖市人民政府生态环境主管部门备案。移出地的省、自治区、直辖市人民政府生态环境主管部门应当将备案信息通报接受地的省、自治区、直辖市人民政府生态环境主管部门。

第二十三条 禁止中华人民共和国境外的固体废物进境倾倒、堆放、处置。

第二十四条 国家逐步实现固体废物零进口,由国务院生态环境主管部门会同国务院商务、发展改革、海关等主管部门组织实施。

第二十五条 海关发现进口货物疑似固体废物的,可以委托专业机构开展属性鉴别,并根据鉴别结论依法管理。

第二十六条 生态环境主管部门及其环境执法机构和其他负有固体废

物污染环境防治监督管理职责的部门，在各自职责范围内有权对从事产生、收集、贮存、运输、利用、处置固体废物等活动的单位和其他生产经营者进行现场检查。被检查者应当如实反映情况，并提供必要的资料。

实施现场检查，可以采取现场监测、采集样品、查阅或者复制与固体废物污染环境防治相关的资料等措施。检查人员进行现场检查，应当出示证件。对现场检查中知悉的商业秘密应当保密。

第二十七条 有下列情形之一，生态环境主管部门和其他负有固体废物污染环境防治监督管理职责的部门，可以对违法收集、贮存、运输、利用、处置的固体废物及设施、设备、场所、工具、物品予以查封、扣押：

（一）可能造成证据灭失、被隐匿或者非法转移的；

（二）造成或者可能造成严重环境污染的。

第二十八条 生态环境主管部门应当会同有关部门建立产生、收集、贮存、运输、利用、处置固体废物的单位和其他生产经营者信用记录制度，将相关信用记录纳入全国信用信息共享平台。

第二十九条 设区的市级人民政府生态环境主管部门应当会同住房城乡建设、农业农村、卫生健康等主管部门，定期向社会发布固体废物的种类、产生量、处置能力、利用处置状况等信息。

产生、收集、贮存、运输、利用、处置固体废物的单位，应当依法及时公开固体废物污染环境防治信息，主动接受社会监督。

利用、处置固体废物的单位，应当依法向公众开放设施、场所，提高公众环境保护意识和参与程度。

第三十条 县级以上人民政府应当将工业固体废物、生活垃圾、危险废物等固体废物污染环境防治情况纳入环境状况和环境保护目标完成情况年度报告，向本级人民代表大会或者人民代表大会常务委员会报告。

第三十一条 任何单位和个人都有权对造成固体废物污染环境的单位

和个人进行举报。

生态环境主管部门和其他负有固体废物污染环境防治监督管理职责的部门应当将固体废物污染环境防治举报方式向社会公布,方便公众举报。

接到举报的部门应当及时处理并对举报人的相关信息予以保密;对实名举报并查证属实的,给予奖励。

举报人举报所在单位的,该单位不得以解除、变更劳动合同或者其他方式对举报人进行打击报复。

第三章 工业固体废物

第三十二条 国务院生态环境主管部门应当会同国务院发展改革、工业和信息化等主管部门对工业固体废物对公众健康、生态环境的危害和影响程度等作出界定,制定防治工业固体废物污染环境的技术政策,组织推广先进的防治工业固体废物污染环境的生产工艺和设备。

第三十三条 国务院工业和信息化主管部门应当会同国务院有关部门组织研究开发、推广减少工业固体废物产生量和降低工业固体废物危害性的生产工艺和设备,公布限期淘汰产生严重污染环境的工业固体废物的落后生产工艺、设备的名录。

生产者、销售者、进口者、使用者应当在国务院工业和信息化主管部门会同国务院有关部门规定的期限内分别停止生产、销售、进口或者使用列入前款规定名录中的设备。生产工艺的采用者应当在国务院工业和信息化主管部门会同国务院有关部门规定的期限内停止采用列入前款规定名录中的工艺。

列入限期淘汰名录被淘汰的设备,不得转让给他人使用。

第三十四条 国务院工业和信息化主管部门应当会同国务院发展改革、生态环境等主管部门,定期发布工业固体废物综合利用技术、工艺、设备和产品导向目录,组织开展工业固体废物资源综合利用评价,推动工业固体废物综合利用。

第三十五条 县级以上地方人民政府应当制定工业固体废物污染环境防治工作规划，组织建设工业固体废物集中处置等设施，推动工业固体废物污染环境防治工作。

第三十六条 产生工业固体废物的单位应当建立健全工业固体废物产生、收集、贮存、运输、利用、处置全过程的污染环境防治责任制度，建立工业固体废物管理台账，如实记录产生工业固体废物的种类、数量、流向、贮存、利用、处置等信息，实现工业固体废物可追溯、可查询，并采取防治工业固体废物污染环境的措施。

禁止向生活垃圾收集设施中投放工业固体废物。

第三十七条 产生工业固体废物的单位委托他人运输、利用、处置工业固体废物的，应当对受托方的主体资格和技术能力进行核实，依法签订书面合同，在合同中约定污染防治要求。

受托方运输、利用、处置工业固体废物，应当依照有关法律法规的规定和合同约定履行污染防治要求，并将运输、利用、处置情况告知产生工业固体废物的单位。

产生工业固体废物的单位违反本条第一款规定的，除依照有关法律法规的规定予以处罚外，还应当与造成环境污染和生态破坏的受托方承担连带责任。

第三十八条 产生工业固体废物的单位应当依法实施清洁生产审核，合理选择和利用原材料、能源和其他资源，采用先进的生产工艺和设备，减少工业固体废物的产生量，降低工业固体废物的危害性。

第三十九条 产生工业固体废物的单位应当取得排污许可证。排污许可的具体办法和实施步骤由国务院规定。

产生工业固体废物的单位应当向所在地生态环境主管部门提供工业固

体废物的种类、数量、流向、贮存、利用、处置等有关资料，以及减少工业固体废物产生、促进综合利用的具体措施，并执行排污许可管理制度的相关规定。

第四十条 产生工业固体废物的单位应当根据经济、技术条件对工业固体废物加以利用；对暂时不利用或者不能利用的，应当按照国务院生态环境等主管部门的规定建设贮存设施、场所，安全分类存放，或者采取无害化处置措施。贮存工业固体废物应当采取符合国家环境保护标准的防护措施。

建设工业固体废物贮存、处置的设施、场所，应当符合国家环境保护标准。

第四十一条 产生工业固体废物的单位终止的，应当在终止前对工业固体废物的贮存、处置的设施、场所采取污染防治措施，并对未处置的工业固体废物作出妥善处置，防止污染环境。

产生工业固体废物的单位发生变更的，变更后的单位应当按照国家有关环境保护的规定对未处置的工业固体废物及其贮存、处置的设施、场所进行安全处置或者采取有效措施保证该设施、场所安全运行。变更前当事人对工业固体废物及其贮存、处置的设施、场所的污染防治责任另有约定的，从其约定；但是，不得免除当事人的污染防治义务。

对2005年4月1日前已经终止的单位未处置的工业固体废物及其贮存、处置的设施、场所进行安全处置的费用，由有关人民政府承担；但是，该单位享有的土地使用权依法转让的，应当由土地使用权受让人承担处置费用。当事人另有约定的，从其约定；但是，不得免除当事人的污染防治义务。

第四十二条 矿山企业应当采取科学的开采方法和选矿工艺，减少尾矿、煤矸石、废石等矿业固体废物的产生量和贮存量。

国家鼓励采取先进工艺对尾矿、煤矸石、废石等矿业固体废物进行综合利用。

尾矿、煤矸石、废石等矿业固体废物贮存设施停止使用后，矿山企业应当按照国家有关环境保护等规定进行封场，防止造成环境污染和生态破坏。

第四章　生活垃圾

第四十三条　县级以上地方人民政府应当加快建立分类投放、分类收集、分类运输、分类处理的生活垃圾管理系统，实现生活垃圾分类制度有效覆盖。

县级以上地方人民政府应当建立生活垃圾分类工作协调机制，加强和统筹生活垃圾分类管理能力建设。

各级人民政府及其有关部门应当组织开展生活垃圾分类宣传，教育引导公众养成生活垃圾分类习惯，督促和指导生活垃圾分类工作。

第四十四条　县级以上地方人民政府应当有计划地改进燃料结构，发展清洁能源，减少燃料废渣等固体废物的产生量。

县级以上地方人民政府有关部门应当加强产品生产和流通过程管理，避免过度包装，组织净菜上市，减少生活垃圾的产生量。

第四十五条　县级以上人民政府应当统筹安排建设城乡生活垃圾收集、运输、处理设施，确定设施厂址，提高生活垃圾的综合利用和无害化处置水平，促进生活垃圾收集、处理的产业化发展，逐步建立和完善生活垃圾污染环境防治的社会服务体系。

县级以上地方人民政府有关部门应当统筹规划，合理安排回收、分拣、打包网点，促进生活垃圾的回收利用工作。

第四十六条　地方各级人民政府应当加强农村生活垃圾污染环境的防治，保护和改善农村人居环境。

国家鼓励农村生活垃圾源头减量。城乡结合部、人口密集的农村地区和其他有条件的地方，应当建立城乡一体的生活垃圾管理系统；其他农村地区应当积极探索生活垃圾管理模式，因地制宜，就近就地利用或者妥善处理生活垃圾。

第四十七条 设区的市级以上人民政府环境卫生主管部门应当制定生活垃圾清扫、收集、贮存、运输和处理设施、场所建设运行规范，发布生活垃圾分类指导目录，加强监督管理。

第四十八条 县级以上地方人民政府环境卫生等主管部门应当组织对城乡生活垃圾进行清扫、收集、运输和处理，可以通过招标等方式选择具备条件的单位从事生活垃圾的清扫、收集、运输和处理。

第四十九条 产生生活垃圾的单位、家庭和个人应当依法履行生活垃圾源头减量和分类投放义务，承担生活垃圾产生者责任。

任何单位和个人都应当依法在指定的地点分类投放生活垃圾。禁止随意倾倒、抛撒、堆放或者焚烧生活垃圾。

机关、事业单位等应当在生活垃圾分类工作中起示范带头作用。

已经分类投放的生活垃圾，应当按照规定分类收集、分类运输、分类处理。

第五十条 清扫、收集、运输、处理城乡生活垃圾，应当遵守国家有关环境保护和环境卫生管理的规定，防止污染环境。

从生活垃圾中分类并集中收集的有害垃圾，属于危险废物的，应当按照危险废物管理。

第五十一条 从事公共交通运输的经营单位，应当及时清扫、收集运输过程中产生的生活垃圾。

第五十二条 农贸市场、农产品批发市场等应当加强环境卫生管理，保持环境卫生清洁，对所产生的垃圾及时清扫、分类收集、妥善处理。

第五十三条 从事城市新区开发、旧区改建和住宅小区开发建设、村镇建设的单位，以及机场、码头、车站、公园、商场、体育场馆等公共设施、场所的经营管理单位，应当按照国家有关环境卫生的规定，配套建设生活垃圾收集设施。

县级以上地方人民政府应当统筹生活垃圾公共转运、处理设施与前款规定的收集设施的有效衔接，并加强生活垃圾分类收运体系和再生资源回收体系在规划、建设、运营等方面的融合。

第五十四条 从生活垃圾中回收的物质应当按照国家规定的用途、标准使用，不得用于生产可能危害人体健康的产品。

第五十五条 建设生活垃圾处理设施、场所，应当符合国务院生态环境主管部门和国务院住房城乡建设主管部门规定的环境保护和环境卫生标准。

鼓励相邻地区统筹生活垃圾处理设施建设，促进生活垃圾处理设施跨行政区域共建共享。

禁止擅自关闭、闲置或者拆除生活垃圾处理设施、场所；确有必要关闭、闲置或者拆除的，应当经所在地的市、县级人民政府环境卫生主管部门商所在地生态环境主管部门同意后核准，并采取防止污染环境的措施。

第五十六条 生活垃圾处理单位应当按照国家有关规定，安装使用监测设备，实时监测污染物的排放情况，将污染排放数据实时公开。监测设备应当与所在地生态环境主管部门的监控设备联网。

第五十七条 县级以上地方人民政府环境卫生主管部门负责组织开展厨余垃圾资源化、无害化处理工作。

产生、收集厨余垃圾的单位和其他生产经营者，应当将厨余垃圾交由具备相应资质条件的单位进行无害化处理。

禁止畜禽养殖场、养殖小区利用未经无害化处理的厨余垃圾饲喂畜禽。

第五十八条 县级以上地方人民政府应当按照产生者付费原则，建立生活垃圾处理收费制度。

县级以上地方人民政府制定生活垃圾处理收费标准，应当根据本地实际，结合生活垃圾分类情况，体现分类计价、计量收费等差别化管理，并充分征求公众意见。生活垃圾处理收费标准应当向社会公布。

生活垃圾处理费应当专项用于生活垃圾的收集、运输和处理等，不得挪作他用。

第五十九条 省、自治区、直辖市和设区的市、自治州可以结合实际，制定本地方生活垃圾具体管理办法。

第五章 建筑垃圾、农业固体废物等

第六十条 县级以上地方人民政府应当加强建筑垃圾污染环境的防治，建立建筑垃圾分类处理制度。

县级以上地方人民政府应当制定包括源头减量、分类处理、消纳设施和场所布局及建设等在内的建筑垃圾污染环境防治工作规划。

第六十一条 国家鼓励采用先进技术、工艺、设备和管理措施，推进建筑垃圾源头减量，建立建筑垃圾回收利用体系。

县级以上地方人民政府应当推动建筑垃圾综合利用产品应用。

第六十二条 县级以上地方人民政府环境卫生主管部门负责建筑垃圾污染环境防治工作，建立建筑垃圾全过程管理制度，规范建筑垃圾产生、收集、贮存、运输、利用、处置行为，推进综合利用，加强建筑垃圾处置设施、场所建设，保障处置安全，防止污染环境。

第六十三条 工程施工单位应当编制建筑垃圾处理方案，采取污染防治措施，并报县级以上地方人民政府环境卫生主管部门备案。

工程施工单位应当及时清运工程施工过程中产生的建筑垃圾等固体废

物，并按照环境卫生主管部门的规定进行利用或者处置。

工程施工单位不得擅自倾倒、抛撒或者堆放工程施工过程中产生的建筑垃圾。

第六十四条 县级以上人民政府农业农村主管部门负责指导农业固体废物回收利用体系建设，鼓励和引导有关单位和其他生产经营者依法收集、贮存、运输、利用、处置农业固体废物，加强监督管理，防止污染环境。

第六十五条 产生秸秆、废弃农用薄膜、农药包装废弃物等农业固体废物的单位和其他生产经营者，应当采取回收利用和其他防止污染环境的措施。

从事畜禽规模养殖应当及时收集、贮存、利用或者处置养殖过程中产生的畜禽粪污等固体废物，避免造成环境污染。

禁止在人口集中地区、机场周围、交通干线附近以及当地人民政府划定的其他区域露天焚烧秸秆。

国家鼓励研究开发、生产、销售、使用在环境中可降解且无害的农用薄膜。

第六十六条 国家建立电器电子、铅蓄电池、车用动力电池等产品的生产者责任延伸制度。

电器电子、铅蓄电池、车用动力电池等产品的生产者应当按照规定以自建或者委托等方式建立与产品销售量相匹配的废旧产品回收体系，并向社会公开，实现有效回收和利用。

国家鼓励产品的生产者开展生态设计，促进资源回收利用。

第六十七条 国家对废弃电器电子产品等实行多渠道回收和集中处理制度。

禁止将废弃机动车船等交由不符合规定条件的企业或者个人回收、拆解。

拆解、利用、处置废弃电器电子产品、废弃机动车船等，应当遵守有关法律法规的规定，采取防止污染环境的措施。

第六十八条 产品和包装物的设计、制造，应当遵守国家有关清洁生产的规定。国务院标准化主管部门应当根据国家经济和技术条件、固体废物污染环境防治状况以及产品的技术要求，组织制定有关标准，防止过度包装造成环境污染。

生产经营者应当遵守限制商品过度包装的强制性标准，避免过度包装。县级以上地方人民政府市场监督管理部门和有关部门应当按照各自职责，加强对过度包装的监督管理。

生产、销售、进口依法被列入强制回收目录的产品和包装物的企业，应当按照国家有关规定对该产品和包装物进行回收。

电子商务、快递、外卖等行业应当优先采用可重复使用、易回收利用的包装物，优化物品包装，减少包装物的使用，并积极回收利用包装物。县级以上地方人民政府商务、邮政等主管部门应当加强监督管理。

国家鼓励和引导消费者使用绿色包装和减量包装。

第六十九条 国家依法禁止、限制生产、销售和使用不可降解塑料袋等一次性塑料制品。

商品零售场所开办单位、电子商务平台企业和快递企业、外卖企业应当按照国家有关规定向商务、邮政等主管部门报告塑料袋等一次性塑料制品的使用、回收情况。

国家鼓励和引导减少使用、积极回收塑料袋等一次性塑料制品，推广应用可循环、易回收、可降解的替代产品。

第七十条 旅游、住宿等行业应当按照国家有关规定推行不主动提供一次性用品。

机关、企业事业单位等的办公场所应当使用有利于保护环境的产品、设备和设施，减少使用一次性办公用品。

第七十一条 城镇污水处理设施维护运营单位或者污泥处理单位应当安全处理污泥，保证处理后的污泥符合国家有关标准，对污泥的流向、用途、用量等进行跟踪、记录，并报告城镇排水主管部门、生态环境主管部门。

县级以上人民政府城镇排水主管部门应当将污泥处理设施纳入城镇排水与污水处理规划，推动同步建设污泥处理设施与污水处理设施，鼓励协同处理，污水处理费征收标准和补偿范围应当覆盖污泥处理成本和污水处理设施正常运营成本。

第七十二条 禁止擅自倾倒、堆放、丢弃、遗撒城镇污水处理设施产生的污泥和处理后的污泥。

禁止重金属或者其他有毒有害物质含量超标的污泥进入农用地。

从事水体清淤疏浚应当按照国家有关规定处理清淤疏浚过程中产生的底泥，防止污染环境。

第七十三条 各级各类实验室及其设立单位应当加强对实验室产生的固体废物的管理，依法收集、贮存、运输、利用、处置实验室固体废物。实验室固体废物属于危险废物的，应当按照危险废物管理。

第六章 危险废物

第七十四条 危险废物污染环境的防治，适用本章规定；本章未作规定的，适用本法其他有关规定。

第七十五条 国务院生态环境主管部门应当会同国务院有关部门制定国家危险废物名录，规定统一的危险废物鉴别标准、鉴别方法、识别标志和鉴别单位管理要求。国家危险废物名录应当动态调整。

国务院生态环境主管部门根据危险废物的危害特性和产生数量，科学评估其环境风险，实施分级分类管理，建立信息化监管体系，并通过信息化手段管理、共享危险废物转移数据和信息。

第七十六条 省、自治区、直辖市人民政府应当组织有关部门编制危险废物集中处置设施、场所的建设规划，科学评估危险废物处置需求，合理布局危险废物集中处置设施、场所，确保本行政区域的危险废物得到妥善处置。

编制危险废物集中处置设施、场所的建设规划，应当征求有关行业协会、企业事业单位、专家和公众等方面的意见。

相邻省、自治区、直辖市之间可以开展区域合作，统筹建设区域性危险废物集中处置设施、场所。

第七十七条 对危险废物的容器和包装物以及收集、贮存、运输、利用、处置危险废物的设施、场所，应当按照规定设置危险废物识别标志。

第七十八条 产生危险废物的单位，应当按照国家有关规定制定危险废物管理计划；建立危险废物管理台账，如实记录有关信息，并通过国家危险废物信息管理系统向所在地生态环境主管部门申报危险废物的种类、产生量、流向、贮存、处置等有关资料。

前款所称危险废物管理计划应当包括减少危险废物产生量和降低危险废物危害性的措施以及危险废物贮存、利用、处置措施。危险废物管理计划应当报产生危险废物的单位所在地生态环境主管部门备案。

产生危险废物的单位已经取得排污许可证的，执行排污许可管理制度的规定。

第七十九条 产生危险废物的单位，应当按照国家有关规定和环境保护标准要求贮存、利用、处置危险废物，不得擅自倾倒、堆放。

第八十条 从事收集、贮存、利用、处置危险废物经营活动的单位，应当按照国家有关规定申请取得许可证。许可证的具体管理办法由国务院制定。

禁止无许可证或者未按照许可证规定从事危险废物收集、贮存、利用、处置的经营活动。

禁止将危险废物提供或者委托给无许可证的单位或者其他生产经营者从事收集、贮存、利用、处置活动。

第八十一条 收集、贮存危险废物，应当按照危险废物特性分类进行。禁止混合收集、贮存、运输、处置性质不相容而未经安全性处置的危险废物。

贮存危险废物应当采取符合国家环境保护标准的防护措施。禁止将危险废物混入非危险废物中贮存。

从事收集、贮存、利用、处置危险废物经营活动的单位，贮存危险废物不得超过一年；确需延长期限的，应当报经颁发许可证的生态环境主管部门批准；法律、行政法规另有规定的除外。

第八十二条 转移危险废物的，应当按照国家有关规定填写、运行危险废物电子或者纸质转移联单。

跨省、自治区、直辖市转移危险废物的，应当向危险废物移出地省、自治区、直辖市人民政府生态环境主管部门申请。移出地省、自治区、直辖市人民政府生态环境主管部门应当及时商经接受地省、自治区、直辖市人民政府生态环境主管部门同意后，在规定期限内批准转移该危险废物，并将批准信息通报相关省、自治区、直辖市人民政府生态环境主管部门和交通运输主管部门。未经批准的，不得转移。

危险废物转移管理应当全程管控、提高效率，具体办法由国务院生态环境主管部门会同国务院交通运输主管部门和公安部门制定。

第八十三条 运输危险废物，应当采取防止污染环境的措施，并遵守国家有关危险货物运输管理的规定。

禁止将危险废物与旅客在同一运输工具上载运。

第八十四条 收集、贮存、运输、利用、处置危险废物的场所、设施、设备和容器、包装物及其他物品转作他用时,应当按照国家有关规定经过消除污染处理,方可使用。

第八十五条 产生、收集、贮存、运输、利用、处置危险废物的单位,应当依法制定意外事故的防范措施和应急预案,并向所在地生态环境主管部门和其他负有固体废物污染环境防治监督管理职责的部门备案;生态环境主管部门和其他负有固体废物污染环境防治监督管理职责的部门应当进行检查。

第八十六条 因发生事故或者其他突发性事件,造成危险废物严重污染环境的单位,应当立即采取有效措施消除或者减轻对环境的污染危害,及时通报可能受到污染危害的单位和居民,并向所在地生态环境主管部门和有关部门报告,接受调查处理。

第八十七条 在发生或者有证据证明可能发生危险废物严重污染环境、威胁居民生命财产安全时,生态环境主管部门或者其他负有固体废物污染环境防治监督管理职责的部门应当立即向本级人民政府和上一级人民政府有关部门报告,由人民政府采取防止或者减轻危害的有效措施。有关人民政府可以根据需要责令停止导致或者可能导致环境污染事故的作业。

第八十八条 重点危险废物集中处置设施、场所退役前,运营单位应当按照国家有关规定对设施、场所采取污染防治措施。退役的费用应当预提,列入投资概算或者生产成本,专门用于重点危险废物集中处置设施、场所的退役。具体提取和管理办法,由国务院财政部门、价格主管部门会同国务院生态环境主管部门规定。

第八十九条 禁止经中华人民共和国过境转移危险废物。

第九十条 医疗废物按照国家危险废物名录管理。县级以上地方人民政府应当加强医疗废物集中处置能力建设。

县级以上人民政府卫生健康、生态环境等主管部门应当在各自职责范围内加强对医疗废物收集、贮存、运输、处置的监督管理,防止危害公众健康、污染环境。

医疗卫生机构应当依法分类收集本单位产生的医疗废物,交由医疗废物集中处置单位处置。医疗废物集中处置单位应当及时收集、运输和处置医疗废物。

医疗卫生机构和医疗废物集中处置单位,应当采取有效措施,防止医疗废物流失、泄漏、渗漏、扩散。

第九十一条 重大传染病疫情等突发事件发生时,县级以上人民政府应当统筹协调医疗废物等危险废物收集、贮存、运输、处置等工作,保障所需的车辆、场地、处置设施和防护物资。卫生健康、生态环境、环境卫生、交通运输等主管部门应当协同配合,依法履行应急处置职责。

第七章 保障措施

第九十二条 国务院有关部门、县级以上地方人民政府及其有关部门在编制国土空间规划和相关专项规划时,应当统筹生活垃圾、建筑垃圾、危险废物等固体废物转运、集中处置等设施建设需求,保障转运、集中处置等设施用地。

第九十三条 国家采取有利于固体废物污染环境防治的经济、技术政策和措施,鼓励、支持有关方面采取有利于固体废物污染环境防治的措施,加强对从事固体废物污染环境防治工作人员的培训和指导,促进固体废物污染环境防治产业专业化、规模化发展。

第九十四条 国家鼓励和支持科研单位、固体废物产生单位、固体废物利用单位、固体废物处置单位等联合攻关,研究开发固体废物综合利用、集中处置等的新技术,推动固体废物污染环境防治技术进步。

第九十五条 各级人民政府应当加强固体废物污染环境的防治,按照事权划分的原则安排必要的资金用于下列事项:

（一）固体废物污染环境防治的科学研究、技术开发；

（二）生活垃圾分类；

（三）固体废物集中处置设施建设；

（四）重大传染病疫情等突发事件产生的医疗废物等危险废物应急处置；

（五）涉及固体废物污染环境防治的其他事项。

使用资金应当加强绩效管理和审计监督，确保资金使用效益。

第九十六条 国家鼓励和支持社会力量参与固体废物污染环境防治工作，并按照国家有关规定给予政策扶持。

第九十七条 国家发展绿色金融，鼓励金融机构加大对固体废物污染环境防治项目的信贷投放。

第九十八条 从事固体废物综合利用等固体废物污染环境防治工作的，依照法律、行政法规的规定，享受税收优惠。

国家鼓励并提倡社会各界为防治固体废物污染环境捐赠财产，并依照法律、行政法规的规定，给予税收优惠。

第九十九条 收集、贮存、运输、利用、处置危险废物的单位，应当按照国家有关规定，投保环境污染责任保险。

第一百条 国家鼓励单位和个人购买、使用综合利用产品和可重复使用产品。

县级以上人民政府及其有关部门在政府采购过程中，应当优先采购综合利用产品和可重复使用产品。

第八章 法律责任

第一百零一条 生态环境主管部门或者其他负有固体废物污染环境防

治监督管理职责的部门违反本法规定，有下列行为之一，由本级人民政府或者上级人民政府有关部门责令改正，对直接负责的主管人员和其他直接责任人员依法给予处分：

（一）未依法作出行政许可或者办理批准文件的；

（二）对违法行为进行包庇的；

（三）未依法查封、扣押的；

（四）发现违法行为或者接到对违法行为的举报后未予查处的；

（五）有其他滥用职权、玩忽职守、徇私舞弊等违法行为的。

依照本法规定应当作出行政处罚决定而未作出的，上级主管部门可以直接作出行政处罚决定。

第一百零二条 违反本法规定，有下列行为之一，由生态环境主管部门责令改正，处以罚款，没收违法所得；情节严重的，报经有批准权的人民政府批准，可以责令停业或者关闭：

（一）产生、收集、贮存、运输、利用、处置固体废物的单位未依法及时公开固体废物污染环境防治信息的；

（二）生活垃圾处理单位未按照国家有关规定安装使用监测设备、实时监测污染物的排放情况并公开污染排放数据的；

（三）将列入限期淘汰名录被淘汰的设备转让给他人使用的；

（四）在生态保护红线区域、永久基本农田集中区域和其他需要特别保护的区域内，建设工业固体废物、危险废物集中贮存、利用、处置的设施、场所和生活垃圾填埋场的；

（五）转移固体废物出省、自治区、直辖市行政区域贮存、处置未经批准的；

（六）转移固体废物出省、自治区、直辖市行政区域利用未报备案的；

（七）擅自倾倒、堆放、丢弃、遗撒工业固体废物，或者未采取相应防范措施，造成工业固体废物扬散、流失、渗漏或者其他环境污染的；

（八）产生工业固体废物的单位未建立固体废物管理台账并如实记录的；

（九）产生工业固体废物的单位违反本法规定委托他人运输、利用、处置工业固体废物的；

（十）贮存工业固体废物未采取符合国家环境保护标准的防护措施的；

（十一）单位和其他生产经营者违反固体废物管理其他要求，污染环境、破坏生态的。

有前款第一项、第八项行为之一，处五万元以上二十万元以下的罚款；有前款第二项、第三项、第四项、第五项、第六项、第九项、第十项、第十一项行为之一，处十万元以上一百万元以下的罚款；有前款第七项行为，处所需处置费用一倍以上三倍以下的罚款，所需处置费用不足十万元的，按十万元计算。对前款第十一项行为的处罚，有关法律、行政法规另有规定的，适用其规定。

第一百零三条 违反本法规定，以拖延、围堵、滞留执法人员等方式拒绝、阻挠监督检查，或者在接受监督检查时弄虚作假的，由生态环境主管部门或者其他负有固体废物污染环境防治监督管理职责的部门责令改正，处五万元以上二十万元以下的罚款；对直接负责的主管人员和其他直接责任人员，处二万元以上十万元以下的罚款。

第一百零四条 违反本法规定，未依法取得排污许可证产生工业固体废物的，由生态环境主管部门责令改正或者限制生产、停产整治，处十万元以上一百万元以下的罚款；情节严重的，报经有批准权的人民政府批准，责令停业或者关闭。

第一百零五条 违反本法规定，生产经营者未遵守限制商品过度包装的强制性标准的，由县级以上地方人民政府市场监督管理部门或者有关部门责令改正；拒不改正的，处二千元以上二万元以下的罚款；情节严重的，处二万元以上十万元以下的罚款。

第一百零六条 违反本法规定，未遵守国家有关禁止、限制使用不可降解塑料袋等一次性塑料制品的规定，或者未按照国家有关规定报告塑料袋等一次性塑料制品的使用情况的，由县级以上地方人民政府商务、邮政等主管部门责令改正，处一万元以上十万元以下的罚款。

第一百零七条 从事畜禽规模养殖未及时收集、贮存、利用或者处置养殖过程中产生的畜禽粪污等固体废物的，由生态环境主管部门责令改正，可以处十万元以下的罚款；情节严重的，报经有批准权的人民政府批准，责令停业或者关闭。

第一百零八条 违反本法规定，城镇污水处理设施维护运营单位或者污泥处理单位对污泥流向、用途、用量等未进行跟踪、记录，或者处理后的污泥不符合国家有关标准的，由城镇排水主管部门责令改正，给予警告；造成严重后果的，处十万元以上二十万元以下的罚款；拒不改正的，城镇排水主管部门可以指定有治理能力的单位代为治理，所需费用由违法者承担。

违反本法规定，擅自倾倒、堆放、丢弃、遗撒城镇污水处理设施产生的污泥和处理后的污泥的，由城镇排水主管部门责令改正，处二十万元以上二百万元以下的罚款，对直接负责的主管人员和其他直接责任人员处二万元以上十万元以下的罚款；造成严重后果的，处二百万元以上五百万元以下的罚款，对直接负责的主管人员和其他直接责任人员处五万元以上五十万元以下的罚款；拒不改正的，城镇排水主管部门可以指定有治理能力的单位代为治理，所需费用由违法者承担。

第一百零九条 违反本法规定，生产、销售、进口或者使用淘汰的设备，或者采用淘汰的生产工艺的，由县级以上地方人民政府指定的部门责令改正，处十万元以上一百万元以下的罚款，没收违法所得；情节严重的，由县级以上地方人民政府指定的部门提出意见，报经有批准权的人民政府批准，责令停业或者关闭。

第一百一十条 尾矿、煤矸石、废石等矿业固体废物贮存设施停止使用后，未按照国家有关环境保护规定进行封场的，由生态环境主管部门责令改正，处二十万元以上一百万元以下的罚款。

第一百一十一条 违反本法规定，有下列行为之一，由县级以上地方人民政府环境卫生主管部门责令改正，处以罚款，没收违法所得：

（一）随意倾倒、抛撒、堆放或者焚烧生活垃圾的；

（二）擅自关闭、闲置或者拆除生活垃圾处理设施、场所的；

（三）工程施工单位未编制建筑垃圾处理方案报备案，或者未及时清运施工过程中产生的固体废物的；

（四）工程施工单位擅自倾倒、抛撒或者堆放工程施工过程中产生的建筑垃圾，或者未按照规定对施工过程中产生的固体废物进行利用或者处置的；

（五）产生、收集厨余垃圾的单位和其他生产经营者未将厨余垃圾交由具备相应资质条件的单位进行无害化处理的；

（六）畜禽养殖场、养殖小区利用未经无害化处理的厨余垃圾饲喂畜禽的；

（七）在运输过程中沿途丢弃、遗撒生活垃圾的。

单位有前款第一项、第七项行为之一，处五万元以上五十万元以下的罚款；单位有前款第二项、第三项、第四项、第五项、第六项行为之一，处十万元以上一百万元以下的罚款；个人有前款第一项、第五项、第七项行为之一，处一百元以上五百元以下的罚款。

违反本法规定，未在指定的地点分类投放生活垃圾的，由县级以上地方人民政府环境卫生主管部门责令改正；情节严重的，对单位处五万元以上五十万元以下的罚款，对个人依法处以罚款。

第一百一十二条 违反本法规定，有下列行为之一，由生态环境主管部门责令改正，处以罚款，没收违法所得；情节严重的，报经有批准权的人民政府批准，可以责令停业或者关闭：

（一）未按照规定设置危险废物识别标志的；

（二）未按照国家有关规定制定危险废物管理计划或者申报危险废物有关资料的；

（三）擅自倾倒、堆放危险废物的；

（四）将危险废物提供或者委托给无许可证的单位或者其他生产经营者从事经营活动的；

（五）未按照国家有关规定填写、运行危险废物转移联单或者未经批准擅自转移危险废物的；

（六）未按照国家环境保护标准贮存、利用、处置危险废物或者将危险废物混入非危险废物中贮存的；

（七）未经安全性处置，混合收集、贮存、运输、处置具有不相容性质的危险废物的；

（八）将危险废物与旅客在同一运输工具上载运的；

（九）未经消除污染处理，将收集、贮存、运输、处置危险废物的场所、设施、设备和容器、包装物及其他物品转作他用的；

（十）未采取相应防范措施，造成危险废物扬散、流失、渗漏或者其他环境污染的；

（十一）在运输过程中沿途丢弃、遗撒危险废物的；

（十二）未制定危险废物意外事故防范措施和应急预案的；

（十三）未按照国家有关规定建立危险废物管理台账并如实记录的。

有前款第一项、第二项、第五项、第六项、第七项、第八项、第九项、第十二项、第十三项行为之一，处十万元以上一百万元以下的罚款；有前款第三项、第四项、第十项、第十一项行为之一，处所需处置费用三倍以上五倍以下的罚款，所需处置费用不足二十万元的，按二十万元计算。

第一百一十三条　违反本法规定，危险废物产生者未按照规定处置其产生的危险废物被责令改正后拒不改正的，由生态环境主管部门组织代为处置，处置费用由危险废物产生者承担；拒不承担代为处置费用的，处代为处置费用一倍以上三倍以下的罚款。

第一百一十四条　无许可证从事收集、贮存、利用、处置危险废物经营活动的，由生态环境主管部门责令改正，处一百万元以上五百万元以下的罚款，并报经有批准权的人民政府批准，责令停业或者关闭；对法定代表人、主要负责人、直接负责的主管人员和其他责任人员，处十万元以上一百万元以下的罚款。

未按照许可证规定从事收集、贮存、利用、处置危险废物经营活动的，由生态环境主管部门责令改正，限制生产、停产整治，处五十万元以上二百万元以下的罚款；对法定代表人、主要负责人、直接负责的主管人员和其他责任人员，处五万元以上五十万元以下的罚款；情节严重的，报经有批准权的人民政府批准，责令停业或者关闭，还可以由发证机关吊销许可证。

第一百一十五条　违反本法规定，将中华人民共和国境外的固体废物输入境内的，由海关责令退运该固体废物，处五十万元以上五百万元以下的罚款。

承运人对前款规定的固体废物的退运、处置，与进口者承担连带责任。

第一百一十六条　违反本法规定，经中华人民共和国过境转移危险废物的，由海关责令退运该危险废物，处五十万元以上五百万元以下的罚款。

第一百一十七条　对已经非法入境的固体废物，由省级以上人民政府生态环境主管部门依法向海关提出处理意见，海关应当依照本法第一百一十五条的规定作出处罚决定；已经造成环境污染的，由省级以上人民政府生态环境主管部门责令进口者消除污染。

第一百一十八条　违反本法规定，造成固体废物污染环境事故的，除依法承担赔偿责任外，由生态环境主管部门依照本条第二款的规定处以罚款，责令限期采取治理措施；造成重大或者特大固体废物污染环境事故的，还可以报经有批准权的人民政府批准，责令关闭。

造成一般或者较大固体废物污染环境事故的，按照事故造成的直接经济损失的一倍以上三倍以下计算罚款；造成重大或者特大固体废物污染环境事故的，按照事故造成的直接经济损失的三倍以上五倍以下计算罚款，并对法定代表人、主要负责人、直接负责的主管人员和其他责任人员处上一年度从本单位取得的收入百分之五十以下的罚款。

第一百一十九条　单位和其他生产经营者违反本法规定排放固体废物，受到罚款处罚，被责令改正的，依法作出处罚决定的行政机关应当组织复查，发现其继续实施该违法行为的，依照《中华人民共和国环境保护法》的规定按日连续处罚。

第一百二十条　违反本法规定，有下列行为之一，尚不构成犯罪的，由公安机关对法定代表人、主要负责人、直接负责的主管人员和其他责任人员处十日以上十五日以下的拘留；情节较轻的，处五日以上十日以下的拘留：

（一）擅自倾倒、堆放、丢弃、遗撒固体废物，造成严重后果的；

（二）在生态保护红线区域、永久基本农田集中区域和其他需要特别保护的区域内，建设工业固体废物、危险废物集中贮存、利用、处置的设施、场所和生活垃圾填埋场的；

（三）将危险废物提供或者委托给无许可证的单位或者其他生产经营者堆放、利用、处置的；

（四）无许可证或者未按照许可证规定从事收集、贮存、利用、处置危险废物经营活动的；

（五）未经批准擅自转移危险废物的；

（六）未采取防范措施，造成危险废物扬散、流失、渗漏或者其他严重后果的。

第一百二十一条 固体废物污染环境、破坏生态，损害国家利益、社会公共利益的，有关机关和组织可以依照《中华人民共和国环境保护法》、《中华人民共和国民事诉讼法》、《中华人民共和国行政诉讼法》等法律的规定向人民法院提起诉讼。

第一百二十二条 固体废物污染环境、破坏生态给国家造成重大损失的，由设区的市级以上地方人民政府或者其指定的部门、机构组织与造成环境污染和生态破坏的单位和其他生产经营者进行磋商，要求其承担损害赔偿责任；磋商未达成一致的，可以向人民法院提起诉讼。

对于执法过程中查获的无法确定责任人或者无法退运的固体废物，由所在地县级以上地方人民政府组织处理。

第一百二十三条 违反本法规定，构成违反治安管理行为的，由公安机关依法给予治安管理处罚；构成犯罪的，依法追究刑事责任；造成人身、财产损害的，依法承担民事责任。

第九章 附 则

第一百二十四条 本法下列用语的含义：

（一）固体废物，是指在生产、生活和其他活动中产生的丧失原有利用价值或者虽未丧失利用价值但被抛弃或者放弃的固态、半固态和置于容器中的气态的物品、物质以及法律、行政法规规定纳入固体废物管理的物品、物质。经无害化加工处理，并且符合强制性国家产品质量标准，不会危害公众健康和生态安全，或者根据固体废物鉴别标准和鉴别程序认定为不属于固体废物的除外。

（二）工业固体废物，是指在工业生产活动中产生的固体废物。

（三）生活垃圾，是指在日常生活中或者为日常生活提供服务的活动中产生的固体废物，以及法律、行政法规规定视为生活垃圾的固体废物。

（四）建筑垃圾，是指建设单位、施工单位新建、改建、扩建和拆除各类建筑物、构筑物、管网等，以及居民装饰装修房屋过程中产生的弃土、弃料和其他固体废物。

（五）农业固体废物，是指在农业生产活动中产生的固体废物。

（六）危险废物，是指列入国家危险废物名录或者根据国家规定的危险废物鉴别标准和鉴别方法认定的具有危险特性的固体废物。

（七）贮存，是指将固体废物临时置于特定设施或者场所中的活动。

（八）利用，是指从固体废物中提取物质作为原材料或者燃料的活动。

（九）处置，是指将固体废物焚烧和用其他改变固体废物的物理、化学、生物特性的方法，达到减少已产生的固体废物数量、缩小固体废物体积、减少或者消除其危险成分的活动，或者将固体废物最终置于符合环境保护规定要求的填埋场的活动。

第一百二十五条 液态废物的污染防治，适用本法；但是，排入水体的废水的污染防治适用有关法律，不适用本法。

第一百二十六条 本法自 2020 年 9 月 1 日起施行。

附录四

中华人民共和国环境噪声污染防治法

(1996年10月29日第八届全国人民代表大会常务委员会第二十二次会议通过。根据2018年12月29日第十三届全国人民代表大会常务委员会第七次会议《关于修改〈中华人民共和国劳动法〉等七部法律的决定》修正)

目 录

第一章　总则

第二章　环境噪声污染防治的监督管理

第三章　工业噪声污染防治

第四章　建筑施工噪声污染防治

第五章　交通运输噪声污染防治

第六章　社会生活噪声污染防治

第七章　法律责任

第八章　附则

第一章　总　　则

第一条　为防治环境噪声污染，保护和改善生活环境，保障人体健康，促进经济和社会发展，制定本法。

第二条　本法所称环境噪声，是指在工业生产、建筑施工、交通运输和社会生活中所产生的干扰周围生活环境的声音。

本法所称环境噪声污染，是指所产生的环境噪声超过国家规定的环境噪声排放标准，并干扰他人正常生活、工作和学习的现象。

第三条 本法适用于中华人民共和国领域内环境噪声污染的防治。

因从事本职生产、经营工作受到噪声危害的防治，不适用本法。

第四条 国务院和地方各级人民政府应当将环境噪声污染防治工作纳入环境保护规划，并采取有利于声环境保护的经济、技术政策和措施。

第五条 地方各级人民政府在制定城乡建设规划时，应当充分考虑建设项目和区域开发、改造所产生的噪声对周围生活环境的影响，统筹规划，合理安排功能区和建设布局，防止或者减轻环境噪声污染。

第六条 国务院生态环境主管部门对全国环境噪声污染防治实施统一监督管理。

县级以上地方人民政府生态环境主管部门对本行政区域内的环境噪声污染防治实施统一监督管理。

各级公安、交通、铁路、民航等主管部门和港务监督机构，根据各自的职责，对交通运输和社会生活噪声污染防治实施监督管理。

第七条 任何单位和个人都有保护声环境的义务，并有权对造成环境噪声污染的单位和个人进行检举和控告。

第八条 国家鼓励、支持环境噪声污染防治的科学研究、技术开发，推广先进的防治技术和普及防治环境噪声污染的科学知识。

第九条 对在环境噪声污染防治方面成绩显著的单位和个人，由人民政府给予奖励。

第二章　环境噪声污染防治的监督管理

第十条 国务院生态环境主管部门分别不同的功能区制定国家声环境质量标准。

县级以上地方人民政府根据国家声环境质量标准，划定本行政区域内各类声环境质量标准的适用区域，并进行管理。

第十一条 国务院生态环境主管部门根据国家声环境质量标准和国家经济、技术条件，制定国家环境噪声排放标准。

第十二条 城市规划部门在确定建设布局时，应当依据国家声环境质量标准和民用建筑隔声设计规范，合理划定建筑物与交通干线的防噪声距离，并提出相应的规划设计要求。

第十三条 新建、改建、扩建的建设项目，必须遵守国家有关建设项目环境保护管理的规定。

建设项目可能产生环境噪声污染的，建设单位必须提出环境影响报告书，规定环境噪声污染的防治措施，并按照国家规定的程序报生态环境主管部门批准。

环境影响报告书中，应当有该建设项目所在地单位和居民的意见。

第十四条 建设项目的环境噪声污染防治设施必须与主体工程同时设计、同时施工、同时投产使用。

建设项目在投入生产或者使用之前，其环境噪声污染防治设施必须按照国家规定的标准和程序进行验收；达不到国家规定要求的，该建设项目不得投入生产或者使用。

第十五条 产生环境噪声污染的企业事业单位，必须保持防治环境噪声污染的设施的正常使用；拆除或者闲置环境噪声污染防治设施的，必须事先报经所在地的县级以上地方人民政府生态环境主管部门批准。

第十六条 产生环境噪声污染的单位，应当采取措施进行治理，并按照国家规定缴纳超标准排污费。

征收的超标准排污费必须用于污染的防治，不得挪作他用。

第十七条 对于在噪声敏感建筑物集中区域内造成严重环境噪声污染

的企业事业单位，限期治理。

被限期治理的单位必须按期完成治理任务。限期治理由县级以上人民政府按照国务院规定的权限决定。

对小型企业事业单位的限期治理，可以由县级以上人民政府在国务院规定的权限内授权其生态环境主管部门决定。

第十八条 国家对环境噪声污染严重的落后设备实行淘汰制度。

国务院经济综合主管部门应当会同国务院有关部门公布限期禁止生产、禁止销售、禁止进口的环境噪声污染严重的设备名录。

生产者、销售者或者进口者必须在国务院经济综合主管部门会同国务院有关部门规定的期限内分别停止生产、销售或者进口列入前款规定的名录中的设备。

第十九条 在城市范围内从事生产活动确需排放偶发性强烈噪声的，必须事先向当地公安机关提出申请，经批准后方可进行。当地公安机关应当向社会公告。

第二十条 国务院生态环境主管部门应当建立环境噪声监测制度，制定监测规范，并会同有关部门组织监测网络。

环境噪声监测机构应当按照国务院生态环境主管部门的规定报送环境噪声监测结果。

第二十一条 县级以上人民政府生态环境主管部门和其他环境噪声污染防治工作的监督管理部门、机构，有权依据各自的职责对管辖范围内排放环境噪声的单位进行现场检查。被检查的单位必须如实反映情况，并提供必要的资料。检查部门、机构应当为被检查的单位保守技术秘密和业务秘密。

检查人员进行现场检查，应当出示证件。

第三章 工业噪声污染防治

第二十二条 本法所称工业噪声，是指在工业生产活动中使用固定的设备时产生的干扰周围生活环境的声音。

第二十三条 在城市范围内向周围生活环境排放工业噪声的，应当符合国家规定的工业企业厂界环境噪声排放标准。

第二十四条 在工业生产中因使用固定的设备造成环境噪声污染的工业企业，必须按照国务院生态环境主管部门的规定，向所在地的县级以上地方人民政府生态环境主管部门申报拥有的造成环境噪声污染的设备的种类、数量以及在正常作业条件下所发出的噪声值和防治环境噪声污染的设施情况，并提供防治噪声污染的技术资料。

造成环境噪声污染的设备的种类、数量、噪声值和防治设施有重大改变的，必须及时申报，并采取应有的防治措施。

第二十五条 产生环境噪声污染的工业企业，应当采取有效措施，减轻噪声对周围生活环境的影响。

第二十六条 国务院有关主管部门对可能产生环境噪声污染的工业设备，应当根据声环境保护的要求和国家的经济、技术条件，逐步在依法制定的产品的国家标准、行业标准中规定噪声限值。

前款规定的工业设备运行时发出的噪声值，应当在有关技术文件中予以注明。

第四章 建筑施工噪声污染防治

第二十七条 本法所称建筑施工噪声，是指在建筑施工过程中产生的干扰周围生活环境的声音。

第二十八条 在城市市区范围内向周围生活环境排放建筑施工噪声的，应当符合国家规定的建筑施工场界环境噪声排放标准。

第二十九条 在城市市区范围内，建筑施工过程中使用机械设备，可能产生环境噪声污染的，施工单位必须在工程开工十五日以前向工程所在地县级以上地方人民政府生态环境主管部门申报该工程的项目名称、施工场所和期限、可能产生的环境噪声值以及所采取的环境噪声污染防治措施的情况。

第三十条 在城市市区噪声敏感建筑物集中区域内，禁止夜间进行产生环境噪声污染的建筑施工作业，但抢修、抢险作业和因生产工艺上要求或者特殊需要必须连续作业的除外。

因特殊需要必须连续作业的，必须有县级以上人民政府或者其有关主管部门的证明。

前款规定的夜间作业，必须公告附近居民。

第五章　交通运输噪声污染防治

第三十一条 本法所称交通运输噪声，是指机动车辆、铁路机车、机动船舶、航空器等交通运输工具在运行时所产生的干扰周围生活环境的声音。

第三十二条 禁止制造、销售或者进口超过规定的噪声限值的汽车。

第三十三条 在城市市区范围内行使的机动车辆的消声器和喇叭必须符合国家规定的要求。机动车辆必须加强维修和保养，保持技术性能良好，防治环境噪声污染。

第三十四条 机动车辆在城市市区范围内行驶，机动船舶在城市市区的内河航道航行，铁路机车驶经或者进入城市市区、疗养区时，必须按照规定使用声响装置。

警车、消防车、工程抢险车、救护车等机动车辆安装、使用警报器，必须符合国务院公安部门的规定；在执行非紧急任务时，禁止使用警报器。

第三十五条 城市人民政府公安机关可以根据本地城市市区区域声环境保护的需要，划定禁止机动车辆行驶和禁止其使用声响装置的路段和时间，并向社会公告。

第三十六条 建设经过已有的噪声敏感建筑物集中区域的高速公路和城市高架、轻轨道路，有可能造成环境噪声污染的，应当设置声屏障或者采取其他有效的控制环境噪声污染的措施。

第三十七条 在已有的城市交通干线的两侧建设噪声敏感建筑物的，建设单位应当按照国家规定间隔一定距离，并采取减轻、避免交通噪声影响的措施。

第三十八条 在车站、铁路编组站、港口、码头、航空港等地指挥作业时使用广播喇叭的，应当控制音量，减轻噪声对周围生活环境的影响。

第三十九条 穿越城市居民区、文教区的铁路，因铁路机车运行造成环境噪声污染的，当地城市人民政府应当组织铁路部门和其他有关部门，制定减轻环境噪声污染的规划。铁路部门和其他有关部门应当按照规划的要求，采取有效措施，减轻环境噪声污染。

第四十条 除起飞、降落或者依法规定的情形以外，民用航空器不得飞越城市市区上空。城市人民政府应当在航空器起飞、降落的净空周围划定限制建设噪声敏感建筑物的区域；在该区域内建设噪声敏感建筑物的，建设单位应当采取减轻、避免航空器运行时产生的噪声影响的措施。民航部门应当采取有效措施，减轻环境噪声污染。

第六章 社会生活噪声污染防治

第四十一条 本法所称社会生活噪声，是指人为活动所产生的除工业噪声、建筑施工噪声和交通运输噪声之外的干扰周围生活环境的声音。

第四十二条 在城市市区噪声敏感建筑物集中区域内，因商业经营活动中使用固定设备造成环境噪声污染的商业企业，必须按照国务院生态环境主管部门的规定，向所在地的县级以上地方人民政府生态环境主管部门申报拥有的造成环境噪声污染的设备的状况和防治环境噪声污染的设施的情况。

第四十三条 新建营业性文化娱乐场所的边界噪声必须符合国家规定的环境噪声排放标准;不符合国家规定的环境噪声排放标准的,文化行政主管部门不得核发文化经营许可证,市场监督管理部门不得核发营业执照。

经营中的文化娱乐场所,其经营管理者必须采取有效措施,使其边界噪声不超过国家规定的环境噪声排放标准。

第四十四条 禁止在商业经营活动中使用高音广播喇叭或者采用其他发出高噪声的方法招揽顾客。

在商业经营活动中使用空调器、冷却塔等可能产生环境噪声污染的设备、设施的,其经营管理者应当采取措施,使其边界噪声不超过国家规定的环境噪声排放标准。

第四十五条 禁止任何单位、个人在城市市区噪声敏感建设物集中区域内使用高音广播喇叭。

在城市市区街道、广场、公园等公共场所组织娱乐、集会等活动,使用音响器材可能产生干扰周围生活环境的过大音量的,必须遵守当地公安机关的规定。

第四十六条 使用家用电器、乐器或者进行其他家庭室内娱乐活动时,应当控制音量或者采取其他有效措施,避免对周围居民造成环境噪声污染。

第四十七条 在已竣工交付使用的住宅楼进行室内装修活动,应当限制作业时间,并采取其他有效措施,以减轻、避免对周围居民造成环境噪声污染。

第七章 法律责任

第四十八条 违反本法第十四条的规定,建设项目中需要配套建设的环境噪声污染防治设施没有建成或者没有达到国家规定的要求,擅自投入生产或者使用的,由县级以上生态环境主管部门责令限期改正,并对单位和个人处以罚款;造成重大环境污染或者生态破坏的,责令停止生产或者使用,或者报经有批准权的人民政府批准,责令关闭。

第四十九条 违反本法规定,拒报或者谎报规定的环境噪声排放申报事项的,县级以上地方人民政府生态环境主管部门可以根据不同情节,给予警告或者处以罚款。

第五十条 违反本法第十五条的规定,未经生态环境主管部门批准,擅自拆除或者闲置环境噪声污染防治设施,致使环境噪声排放超过规定标准的,由县级以上地方人民政府生态环境主管部门责令改正,并处罚款。

第五十一条 违反本法第十六条的规定,不按照国家规定缴纳超标准排污费的,县级以上地方人民政府生态环境主管部门可以根据不同情节,给予警告或者处以罚款。

第五十二条 违反本法第十七条的规定,对经限期治理逾期未完成治理任务的企业事业单位,除依照国家规定加收超标准排污费外,可以根据所造成的危害后果处以罚款,或者责令停业、搬迁、关闭。

前款规定的罚款由生态环境主管部门决定。责令停业、搬迁、关闭由县级以上人民政府按照国务院规定的权限决定。

第五十三条 违反本法第十八条的规定,生产、销售、进口禁止生产、销售、进口的设备的,由县级以上人民政府经济综合主管部门责令改正;情节严重的,由县级以上人民政府经济综合主管部门提出意见,报请同级人民政府按照国务院规定的权限责令停业、关闭。

第五十四条 违反本法第十九条的规定,未经当地公安机关批准,进行产生偶发性强烈噪声活动的,由公安机关根据不同情节给予警告或者处以罚款。

第五十五条 排放环境噪声的单位违反本法第二十一条的规定,拒绝生态环境主管部门或者其他依照本法规定行使环境噪声监督管理权的部门、机构现场检查或者在被检查时弄虚作假的,生态环境主管部门或者其他依照本法规定行使环境噪声监督管理权的监督管理部门、机构可以根据不同情节,给予警告或者处以罚款。

第五十六条 建筑施工单位违反本法第三十条第一款的规定,在城市市区噪声敏感建筑的集中区域内,夜间进行禁止进行的产生环境噪声污染的建筑施工作业的,由工程所在地县级以上地方人民政府生态环境主管部门责令改正,可以并处罚款。

第五十七条 违反本法第三十四条的规定,机动车辆不按照规定使用声响装置的,由当地公安机关根据不同情节给予警告或者处以罚款。

机动船舶有前款违法行为的,由港务监督机构根据不同情节给予警告或者处以罚款。

铁路机车有第一款违法行为的,由铁路主管部门对有关责任人员给予行政处分。

第五十八条 违反本法规定,有下列行为之一的,由公安机关给予警告,可以并处罚款:

(一)在城市市区噪声敏感建筑物集中区域内使用高音广播喇叭;

(二)违反当地公安机关的规定,在城市市区街道、广场、公园等公共场所组织娱乐、集会等活动,使用音响器材,产生干扰周围生活环境的过大音量的;

(三)未按本法第四十六条和第四十七条规定采取措施,从家庭室内发出严重干扰周围居民生活的环境噪声的。

第五十九条 违反本法第四十三条第二款、第四十四条第二款的规定,造成环境噪声污染的,由县级以上地方人民政府生态环境主管部门责令改正,可以并处罚款。

第六十条 违反本法第四十四条第一款的规定,造成环境噪声污染的，由公安机关责令改正，可以并处罚款。

省级以上人民政府依法决定由县级以上地方人民政府生态环境主管部门行使前款规定的行政处罚权的，从其决定。

第六十一条 受到环境噪声污染危害的单位和个人，有权要求加害人排除危害；造成损失的，依法赔偿损失。

赔偿责任和赔偿金额的纠纷，可以根据当事人的请求，由生态环境主管部门或者其他环境噪声污染防治工作的监督管理部门、机构调解处理；调解不成的，当事人可以向人民法院起诉。当事人也可以直接向人民法院起诉。

第六十二条 环境噪声污染防治监督管理人员滥用职权、玩忽职守、徇私舞弊的，由其所在单位或者上级主管机关给予行政处分；构成犯罪的，依法追究刑事责任。

第八章 附 则

第六十三条 本法中下列用语的含义是：

（一）"噪声排放"是指噪声源向周围生活环境辐射噪声。

（二）"噪声敏感建筑物"是指医院、学校、机关、科研单位、住宅等需要保持安静的建筑物。

（三）"噪声敏感建筑物集中区域"是指医疗区、文教科研区和以机关或者居民住宅为主的区域。

（四）"夜间"是指晚二十二点至晨六点之间的期间。

（五）"机动车辆"是指汽车和摩托车。

第六十四条 本法自1997年3月1日起施行。1989年9月26日国务院发布的《中华人民共和国环境噪声污染防治条例》同时废止。